Ayurveda Kochbuch

Die besten Ayurveda Rezepte für ernährungsbewusste Menschen.

Maike Honnef

Inhaltsverzeichnis

Vorwort

Ayurveda wird auch das Wissen vom Leben genannt und hat den Ursprung in Indien. Hier wird Ayurveda seit vielen Jahrtausenden praktiziert. Dabei handelt es sich um eine ganzheitliche Gesundheitslehre, die sich auf verschiedene Pfeiler stützt. Neben Detoxkuren und Massagen, den Panchakarmas und den Yogaübungen spielt beim Ayurveda auch die Ernährung eine wichtige Rolle. Die Ayurvedaküche hat den Zweck, den Körper fit und gesund zu halten - es ist somit eine vorbeugende Maßnahme, kann jedoch auch bei Krankheiten und Leiden angewendet werden.

Ayurveda besagt, dass Krankheiten nur eine Chance haben, wenn die Doshas im Ungleichgewicht sind. Die Ayurvedaküche ist sehr ausbalanciert und ein großes Augenmerk ist auf den Stoffwechsel und die Ausscheidung für die Entgiftung gelegt. Auch die Verdauung spielt eine wichtige Rolle. Ayurveda sorgt unter anderem auch dafür, dass das Gewebe frei von Schlacken und Einlagerungen bleibt. Mit der richtigen Ernährung können Cellulite und die Folgeerkrankungen beinahe vollständig vermieden werden. Körper, Geist und Seele befinden sich beim Ayurveda im Einklang.

Einen großen Vorteil aber hat die Ayurvedaküche zusätzlich. Sie ist absolut schmackhaft und aromatisch. Mit dem Wissen der indischen Heiler und Gurus kann sich nun jeder gesund ernähren - quasi gesund schlemmen.

Das Ayurveda Grundprinzip: Vata, Pitta und Kapha

Die drei Doshas sind Funktionsweisen, die sämtliches Leben beeinflussen. In der Ayurvedaküche wird stets darauf geachtet, diese drei Doshas in der richtigen Balance zu halten, damit der Organismus gesund funktionieren kann.

Vata

Vata ist verantwortlich für die Bewegung, die Atmung und das Nervensystem. Das Dosha Vata ist den Elementen Luft und Äther zugeordnet. Ein ausbalanciertes Vata sorgt dafür, dass der Körper voll Energie ist. Ein stimmiges Vata sorgt für Frohsinn, Enthusiasmus und ist auch für die Kreativität verantwortlich. Gleichzeitig schafft ein Vata im idealen Ausmaß für einen ruhigen, klaren und wachen Geist.

Pitta

Dieses Dosha ist für den Stoffwechsel verantwortlich. Auch werden anhand dieses Doshas die Temperatur im Körper und die Verdauung reguliert. Auch die Gefühlswelt, Emotionen und ein scharfer Verstand sind von einem ausbalancierten Pitta abhängig. Pitta ist dem Element Feuer zugeordnet. Neben einem klaren Geist und einer funktionierenden Verdauung sorgt Pitta für Zufriedenheit und Energie.

Kapha

Kapha ist das Dosha für Stabilität, Festigkeit und Struktur. Auch wird durch das Dosha Kapha der Flüssigkeitshaushalt im Körper reguliert. Kapha ist den Elementen Wasser und Erde zugeordnet. Kapha sorgt für Kraft, Ausdauer, Geduld und eine physische Stabilität. Auch ist das Dosha Kapha für ein optimal funktionierendes Immunsystem verantwortlich.

Vata, Pitta und Kapha - die Doshas im Einklang

In der Ayurvedaküche geht es nun darum, die Doshas im Einklang zu halten. Das Ergebnis ist Gesundheit und Wohlbefinden. Auch das äußere Erscheinungsbild ist von der Harmonie der Doshas abhängig. Mit der richtigen Ernährung kommt die natürliche Schönheit optimal zur Geltung und auch die Ausstrahlung wirkt positiv.

Die Doshas werden auch den jeweiligen Bedürfnissen des Körpers angepasst. Hier kommt es darauf an, wie viel Energie benötigt wird, und auch die Jahreszeiten sollten mit den Doshas berücksichtigt werden.

Um das Kapha in den Vordergrund zu bringen, wird auf scharfe Gewürze und viel Wärme geachtet. Auch Bewegung und Stimulation sind für das Kapha wichtig.

Pitta wird durch Kühlung, Ruhe und Mäßigung kontrolliert. Um das Pitta-Dosha in den Vordergrund zu bringen, wird auf zu scharfes Essen, und auch auf Alkohol verzichtet. Das Vata-Dosha benötigt Ruhe und Ausgeglichenheit. Um dieses Dosha zu stimulieren, sollten zusätzlich die berühmten Ayurvedamassagen und Stirngüsse mit heißem Öl durchgeführt werden.

Wie Sie herausfinden, welcher Dosha-Typ Sie sind

Explizit kann dies natürlich nur mittels eines Besuchs bei einem Ayurvedaarzt oder in einer Ayurvedapraxis mittels genauem Fragebogen festgestellt werden. Dennoch gibt es auch optische und psychische Anzeichen, die sich leicht den einzelnen Doshas zuordnen lassen. Zudem gibt es auch die Mischtypen, die mehrere Doshas in sich tragen. Bei den Doshas handelt es sich um Bewegungsprinzipien, die von Geburt an gegeben sind.

Vata ist meist das anführende Dosha und gerät aber auch ebenso schnell aus dem Gleichgewicht. Sehr große oder sehr kleine, meist sehr dünne Menschen tragen meist vorrangig das Vata-Dosha. Wer ein längliches Gesicht, schmale Augen und schmale Lippen hat, dem wird meist dieses Dosha zugeordnet. Vata-Typen haben häufig trockene Haut, trockene Haare, die sich kringeln, und frieren schnell. Vata-Typen sind für eine schnelle Auffassungsgabe bekannt und lassen sich leicht begeistern. Meist handelt es sich bei diesen Personen um Menschen, die sich viele Sorgen machen und auch unter einem sehr leichten Schlaf leiden.

Das Dosha Pitta gilt als heiß und trocken und meist wird es Menschen mit heller Haut, blauen Augen, blonden oder rötlichen Haaren und Sommersprossen zugeordnet. Pitta-Typen vertragen die Sonne nicht zu gut und haben einen mittleren oder muskulösen Körper. Pitta-Typen gelten als abenteuerlustig und lieben die Herausforderung. Sie sind bekannt für ihren scharfen Intellekt und ihre klare und deutliche Sprache. Vom Pitta-Dosha geprägte Menschen neigen jedoch zu Jähzorn und Wutausbrüchen, sind ungeduldig und lassen sich schnell reizen und stressen.

Der Kapha-Typ beschreibt die Trägheit. Diese Menschen neigen meist zu Übergewicht und haben einen sehr groben Körperbau. Sie sind für Ausdauer und Stärke bekannt und arbeiten methodisch, langsam und präzise. Bei Kapha-Typen handelt es sich um beständige Persönlichkeiten, die zwar wirken, als würden sie eine langsame Auffassungsgabe haben, besitzen jedoch ein enormes Langzeitgedächtnis. Diese Menschen sind nicht so schnell aus der Ruhe zu bringen, nehmen jedoch das Leben oft zu schwer. Sie sind prädestinierte Jammerer und bewegen sich nicht sehr gerne. Optisch haben Kapha-Typen meist eine glatte und eher fettige Haut und dichtes, schweres, häufig sehr dunkles Haar.

Jedes Dosha hat natürlich positive und auch negative Eigenschaften. Gemäß der vorhandenen Doshas sollte auch die Ernährung gestaltet werden. Vata-Typen sollten, so gut es geht, auf Rohkost verzichten, und warme oder heiße Speisen bevorzugen. Auf das Vata-Dosha abgestimmte Gerichte sind leicht verdaulich bis ölig und sollten salzig, sauer oder süß zubereitet werden.

Personen, bei denen das Pitta-Dosha überwiegt, sollten so wenig als möglich scharfe und ölige Speisen zu sich nehmen. Auch sollten Früchte mit viel Säure vermieden werden. Pitta-Typen essen besser kühle Gerichte, die leicht, bitter, süß oder herb sind. Zucker, Weißmehl, Alkohol und Milchprodukte sind für diesen Typ nicht geeignet und auch Kaffee sollte vermieden werden. Die perfekten Gewürze für Pitta-Typen sind Kurkuma, Kardamom und Koriander.

Der Kapha-Typ neigt von Natur aus zu Trägheit und sollte daher auf fette und schwere Speisen verzichten. Die Gerichte sind am besten leicht und trocken. Die Gewürze dürfen herb, bitter und scharf sein. Chili und Ingwer stehen hier hoch im Kurs. Kapha-Typen sollten stets drei Mahlzeiten am Tag zu sich nehmen und abends immer nur Suppen, gedünstete Salate oder Gemüse genießen.

Die Ayurvedaküche - Abwechslung pur

Ayurvedarezepte bestechen mit einer enormen Bandbreite. Wie generell in der asiatischen Küche ist es wichtig, dass sämtliche Mahlzeiten alle sechs Geschmacksrichtungen und Aromen beinhalten. Sowohl süße als auch saure, herbe, bittere, salzige und scharfe Aromen sollten enthalten sein. Ayurveda ist somit alles andere als ein Einheitsbrei - und alleine der Genuss dieser Küche stimuliert Körper, Geist und Seele.

Weitere Pfeiler der Ayurvedaküche sind Agni und Ama. Agni gilt als das Feuer der Verdauung. Dieses wird nicht nur durch die Ernährung, auch durch Bewegung und psychische Zustände beeinflusst. Als Ama werden die giftigen Schlacken bezeichnet, die sich im Körper absetzen, sobald die Verdauung nicht ausreichend funktioniert. Frauen kennen das Problem der Cellulitis, die durch das Verhindern von Ama beseitigt werden kann. Auch viele andere Beschwerden wie Gicht, Rheuma und Verkalkungen werden durch Agni und Ama verhindert, reguliert oder beseitigt.

Die Ayurvedaküche - auf die richtige Kombination kommt es an

Eine weitere wichtige Grundvoraussetzung ist, dass in der Ayurvedaküche tierisches Eiweiß nicht miteinander kombiniert wird. Werden Fleisch, Fisch, Eier und Milch zusammen genossen, entstehen dadurch Schlacken und der Stoffwechsel und auch die Verdauung arbeiten langsamer.

Auch Obst sollte immer als eigenständige Mahlzeit gesehen werden und nicht kombiniert werden. Hier wird der Gärungsprozess von Obst berücksichtigt. Auch Milch und Milchprodukte sind eigenständige Lebensmittel, die nur mit Hülsenfrüchten zu kombinieren sind. In der ayurvedischen Küche werden Müsli und Fruchtsalat nie mit Kuhmilchprodukten serviert. Hierfür wird Sojamilch oder Nussmilch verwendet.

Getreide, Nudeln, Kartoffeln und Fett sind der Kategorie süße Lebensmittel zugeordnet. Diese Lebensmittel sollen ausschließlich mit Gemüse und Salat serviert werden. Lediglich Reis gilt als neutrales und leichtes Lebensmittel. Reis kann zu allen Speisen verzehrt werden.

Ayurveda - fit und schlank mit der traditionellen, indischen Küche

Wer sich mit der Ayurvedaküche befasst, der wird rasch eine Veränderung im Körper bemerken. Das Wohlbefinden steigt und auch die Kilos auf der Waage beginnen zu purzeln. Die Ayurvedaphilosophie besagt ebenfalls, dass nur bei Hunger gegessen werden soll. Zwischenmahlzeiten sind in der Ayurvedaküche nicht vorgesehen.

Da sämtliche Mahlzeiten ordentlich verdaut werden müssen, ist auf einen Abstand von mindestens drei Stunden zwischen den einzelnen Mahlzeiten zu achten.

Auch bei den Getränken, speziell zu den Mahlzeiten, gibt es in der Ayurvedaküche Richtlinien. Kalte Getränke sollten niemals mit heißen Speisen getrunken werden. Das Wasser sollte Zimmertemperatur haben, besser eignet sich zu den Mahlzeiten jedoch Tee. Vor allem Ingwertee und Gewürztee nehmen einen hohen Stellenwert in der ayurvedischen Küche ein.

Ayurvedaküche - die besten Rezepte für Körper, Geist und Seele

Nun möchten wir Sie nicht mehr länger auf die Folter spannen und sofort mit unseren leckeren und aromatischen Rezepten beginnen.

Immer wieder werden Sie zu den einzelnen Gerichten und Rezepten kleine Anmerkungen, Tipps und Tricks finden. Wir wünschen Ihnen gutes Gelingen und freuen uns, wenn sich mit der Ayurvedaküche und unseren Rezepten Ihr Wohlbefinden steigert.

Ayurveda Kochbuch - unsere besten Rezepte

Die folgenden Rezepte sind in einzelne Rubriken unterteilt. Sie finden hier spannende Anregungen für Getränke, Frühstück, Salate, Gemüsegerichte, Fleischgerichte, Fisch und natürlich Desserts.

Goldene Milch

Das vielleicht bekannteste Getränk der Ayurvedaküche ist die Goldene Milch, die auch unter den Namen Kurkumamilch oder Yogamilch bekannt ist. Kurkuma ist entzündungshemmend und durch die gelenksschmierenden Eigenschaften als Mobilisator bekannt. Die Beweglichkeit wird gefördert und Kalkablagerungen kann entgegengewirkt werden. Die Goldene Milch ist entgiftend, schmerzstillend und reinigt das Blut, die Lunge und die Leber. Auch wird der Körper durch den Genuss von Goldener Milch vor freien Radikalen geschützt.

Während einer Entgiftungskur sollte die Goldene Milch täglich, am besten anstatt Kaffee, getrunken werden. Dieses Getränk hilft aber auch abends beim Einschlafen und ist eine gesunde Alternative zu Schlaftabletten.

Kurkumapaste

Zutaten:

200 Gramm Kurkumawurzel | 1 cm Ingwerwurzel | 3/4 Liter Wasser

Zubereitung:

Kurkuma und Ingwer fein reiben und im Wasser bei mittlerer Hitze für etwa 15 Minuten kochen. Das Wasser sollte beinahe vollständig verdampfen. Wichtig ist, dass die Paste unter ständigem Rühren gekocht wird.

Die Paste abkühlen lassen und in ein Glas füllen. Die Paste lässt sich im Kühlschrank für etwa 2 bis 3 Wochen lagern.

Kurkuma Milch - die Goldene Milch

Zutaten für eine Portion:

250 ml Sojamilch, Kokosmilch oder Mandelmilch | 1 TL Agavendicksaft | 1 Prise Pfeffer, frisch gemahlen | 1 kleine Prise Zimt, gemahlen | einige Tropfen Kokosöl oder 1/2 TL Ghee | 1 TL Kurkumapaste

Zubereitung:

Die Milch mit einem Teelöffel voll Kurkumapaste und den übrigen Zutaten aufkochen lassen. Die Goldene Milch sollte warm getrunken werden. Von der Paste kann bis zu einem Esslöffel pro Glas Milch verwendet werden. Zu Beginn reicht jedoch ein Teelöffel absolut aus.

Ghee - die geklärte Butter

In vielen Rezepten wird Ghee verwendet, daher zu Beginn eine kurze Anleitung, wie Sie diesen wichtigen Bestandteil der Ayurvedaküche auch zu Hause rasch zaubern.

Zutaten für Ghee:

1 kg Butter | 2 Töpfe | 1 Sieb aus Metall | Baumwolltuch | Schöpfkelle | Schraubgläser

Zubereitung:

Die Butter wird in einem Topf zum Kochen gebracht und anschließend die Hitze reduziert. Für etwa 40 Minuten darf die Butter nun leicht sprudelnd köcheln. Bei diesem Vorgang setzt sich an der Oberfläche Eiweiß ab, das Sie mit der Schöpfkelle abschöpfen. Sobald kein Eiweiß mehr entsteht, ist die Butter fertig geklärt und das Ghee kann durch das Baumwolltuch in den zweiten Topf gegossen werden. Dazu das Baumwolltuch in das Sieb legen. Das Ghee wird nun in Schraubgläser gefüllt und hält sich im Kühlschrank sehr, sehr lange. Vorsicht ist geboten, dass die Temperaturen nicht zu heiß werden - die Butter sollte sich nicht bräunlich verfärben.

Abgekochtes Wasser

Dieses Getränk ist vielleicht das Wichtigste für alle, die sich nach dem Ayurvedaprinzip ernähren möchten. Es wird den ganzen Tag über noch warm getrunken und kann auch zu den Mahlzeiten genossen werden. Wichtig ist, dass zum Essen nicht zu viel getrunken wird, da zu viel Flüssigkeit die Verdauungssäfte stark verdünnt. Das abgekochte Ayurvedawasser ist gut für die Verdauung, sorgt für eine straffe und rosige Haut, macht fit, wach und gut gelaunt. Ausreichend Flüssigkeit ist auch dafür verantwortlich, alle Dinge mit einer größeren Gelassenheit zu sehen.

Das Wasser wird hierfür bei mittlerer Hitze für etwa 10 Minuten gekocht und anschließend in eine Thermoskanne gefüllt. So haben Sie immer heißes Wasser griffbereit. Laut Ayurveda sollte in einem Abstand von 20 Minuten immer ein ordentlicher Schluck dieses Wassers getrunken werden. Wer Durst hat, trinkt natürlich mehr davon. Das abgekochte Wasser stärkt das Verdauungsfeuer und sorgt dafür, dass sich der Körper von Giftstoffen und Schlacken befreit.

Ingwertee

Ingwertee kann heiß oder kalt getrunken werden. Der Ingwertee ist perfekt, um den Stoffwechsel in Schwung zu bringen, hat eine entzündungshemmende Wirkung und ist somit gerade bei Erkältungen ein

Hit. Ingwertee entschlackt und entgiftet und sorgt dafür, dass Hungergefühl verschwindet.

Zutaten:

1 Liter Wasser | 5 Scheiben von der Ingwerwurzel

Zubereitung:

Den Ingwer im Wasser bei mittlerer Hitze für etwa 10 Minuten köcheln und in eine Thermoskanne oder einen Krug füllen. Über den Tag verteilt genießen.

Kanji - das Reiswasser

Reiswasser ist ein beliebtes Mittel bei Durchfall und sollte auch während einer Entgiftungskur getrunken werden. Das Wasser versorgt den Körper mit wichtigen Inhaltsstoffen. Reiswasser ist auch ideal für alle, die an Untergewicht oder plötzlichem, starkem Gewichtsverlust leiden. Reiswasser kann mit vielen Gewürzen individuell aromatisiert werden.

Zutaten:

1 Tasse Basmatireis | 3 Liter Wasser

Zubereitung:

Den Reis gut abwaschen und anschließend im Wasser so lange kochen, bis er sehr weich ist und beginnt, sich aufzulösen. Nun den Topf vom Herd nehmen und das Wasser durch ein Sieb gießen. Das Reiswasser wird am besten in einer Thermoskanne aufbewahrt und über den Tag verteilt getrunken.

Würzen Sie das Reiswasser nach eigenem Geschmack mit etwas Steinsalz, Kümmel, schwarzem Pfeffer, Kurkuma, Zimt oder Nelkenpulver. Sie können im Wasser auch einige Scheiben Ingwer mitkochen. Auch eine halbe Vanilleschote im Reiswasser sorgt für einen besonders intensiven Geschmack.

Gerstenwasser - Weizenwasser

Gerstenwasser oder Weizenwasser ist ideal für alle, die abnehmen möchten, da dieses Getränk den Heißhunger vertreibt. Dieses Wasser wird ideal zwischen den Mahlzeiten getrunken.

Zutaten:

1 Tasse Gerste oder Weizen geschrotet | 3 Liter Wasser

Zubereitung:

Kochen Sie das geschrotete Getreide bei mittlerer Hitze für etwa eine Stunde. Danach wird die Flüssigkeit durch ein Sieb oder ein Tuch abgeseiht und in einer Thermoskanne aufbewahrt. Auch dieses Getränk können Sie nach eigenen Bedürfnissen individuell mit Ingwer, Zimt, Meersalz oder schwarzem Pfeffer würzen.

Indisches Lassi

Lassi ist eines der bekanntesten indischen Getränke und schmeckt zudem absolut himmlisch.

Zutaten für eine Portion:

250 Gramm Naturjoghurt | 100 ml Wasser | Saft einer halben Limette

Zubereitung:

Alle Zutaten im Mixer oder mit dem Schneebesen gut verrühren. Lassi kann sowohl Natur, süß aber auch pikant genossen werden. Gerne werden Lassis auch mit fruchtigem Püree serviert. Beliebt ist Lassi mit Mango, Banane oder Beeren. An besonders heißen Tagen wird das Lassi mit etwas Steinsalz oder Meersalz und Chili gewürzt. Auch Zimt, Ingwer, Vanille und Nelke passen gut in das indische Lassi.

Ayurvedalimonade mit Limette, Minze und Ingwer

Diese Limonade ist eine tolle Alternative zu herkömmlichen Limonaden aus dem Handel. Wird der Ingwer weggelassen, so ist dieses Getränk auch bei Kindern absolut beliebt.

Zutaten für 2 Gläser:

3 Limetten | 3 Scheiben Ingwer | 1/4 Bund Minze | 1/2 Vanilleschote | 700 ml Wasser | etwas Honig nach Bedarf

Zubereitung:

Das Wasser mit dem Saft der Limetten, dem Ingwer und der aufgeschnittenen Vanilleschote zum Kochen bringen und für etwa 10 Minuten bei mittlerer Hitze simmern lassen. Mit Honig süßen und die Minze in zwei Tassen geben. Die Limonade über die Minze gießen, kurz ziehen lassen und genießen. An heißen Tagen ist diese Limonade mit Eiswürfel serviert auch ein toller, alkoholfreier Cocktail.

Cocktail mit Beeren und Basilikum

Zutaten:

50 Gramm Erdbeeren | Mark einer halben Vanilleschote | 1 TL Honig | 1/4 Bund Basilikum | 1 Liter Sodawasser

Zubereitung:

Die Erdbeeren in kleine Stücke schneiden. Das Mark aus der Vanilleschote kratzen und zusammen mit dem Honig gut mit den Erdbeeren vermengen. Das Basilikum fein hacken und alles für etwa 15 Minuten marinieren lassen. Anschließend mit dem Sodawasser aufgießen, in ein Glas füllen und genießen. Alternativ können natürlich sämtliche Beeren verwendet werden. Auch kann das Basilikum durch Minze oder Melisse ersetzt werden.

Chia-Smoothie

Zutaten für eine Portion:

200 ml Hafermilch | 1/2 TL Chiasamen | 1 EL Haferflocken | 1/2 Kaki-Frucht | 1/2 TL Honig | 1 Prise Zimt | 1 Prise Steinsalz

Zubereitung:

Alle Zutaten im Mixer zu einem cremigen Drink verarbeiten, in ein Glas gießen und bei Zimmertemperatur für mindestens 20 Minuten quellen lassen. Chiasamen enthalten hochwertige Proteine, Vitamine und Mineralstoffe und sind ein wahres Superfood. Auch die enthaltenen Omega-3-Fettsäuren und die Ballaststoffe sind für den Körper und die Verdauung immens wichtig.

Drink mit Avocado und Zitrone

Zutaten für eine Portion:

1/4 Avocado | Saft und Abrieb einer halben Bio-Zitrone | 1 Messerspitze Ingwer, frisch gerieben | 1 Messerspitze Kurkuma, gemahlen oder Paste | 1 Prise Pfeffer | 200 ml Walnussmilch

Zubereitung:

Alle Zutaten in den Mixer geben und zu einem cremigen Drink verarbeiten. Laut Ayurveda Philosophie sollten die Getränke nach Möglichkeit nur heiß oder eben bei Zimmertemperatur getrunken werden.

Joghurtdrink mit Himbeeren und Orangen

Zutaten für eine Portion:

50 Gramm Himbeeren | Saft einer Bio-Orange | 150 Gramm Joghurt oder Kefir | 1 Prise Zimt, gemahlen | 1 Prise Kardamom, gemahlen oder eine Messerspitze Kurkumapaste | 1 kleine Prise Steinsalz | 1/2 TL Ahornsirup

Zubereitung:

Die Himbeeren zusammen mit dem Orangensaft pürieren und in ein Glas füllen. Joghurt oder Kefir mit dem Zimt, Kardamom, Salz und Ahornsirup glatt rühren und ebenfalls in das Glas füllen. Bei Zimmertemperatur genießen. Dieser Joghurtdrink ist auch optisch ein wahres Highlight.

Zitronenwasser mit Gurke und Koriander

Zutaten für eine Portion:

Saft einer Zitrone | 1/4 Salatgurke | 1/4 Bund Koriander | 1/2 rote Chili | 1 Prise Meersalz | 1/2 Mokkalöffel Honig | 200 ml Wasser

Zubereitung:

Alle Zutaten in den Mixer geben und zu einem dünnflüssigen Drink verarbeiten. Dieses Getränk wirkt entwässernd, entzündungshemmend und Hunger stillend. Wer möchte, kann zusätzlich eine Scheibe frischen Ingwer in den Mixer geben.

Zitronengrastee mit Anis

Zutaten für eine Portion:

1 Stange Zitronengras | 1/2 Sternanis | 300 ml Wasser | 1 Zitronenschale | Honig nach Bedarf

Zubereitung:

Das Zitronengras mit einem Nudelholz weichklopfen und zusammen mit dem Sternanis und der Zitronenschale im Wasser aufkochen. Für 10 Minuten bei mittlerer Hitze simmern lassen, mit Honig süßen und heiß oder lauwarm genießen.

Pistazien-Smoothie

Zutaten für eine Portion:

2 EL Pistazien | 2 EL Haferflocken | Saft und Abrieb einer halben Bio-Orange | 200 ml Pistazienmilch oder Sojamilch | 1/2 rote Chilischote | 1 TL Honig

Zubereitung:

Die Pistazien zusammen mit den Haferflocken in einer Pfanne ohne Öl leicht anrösten und anschließend mit den restlichen Zutaten im Mixer pürieren. Dieser Smoothie eignet sich hervorragend als Dessert oder Abendessen.

Brennnesseltee mit Nelke

Dieser Tee ist harntreibend und ideal für alle, die ihre Nieren entlasten und reinigen möchten. Brennnesseln sind zudem krampflösend und schmerzstillend und somit perfekt für alle Frauen, die unter monatlichen Krämpfen leiden. Brennnesseln senken zudem den Blutzuckerspiegel, regen den Stoffwechsel an und helfen dabei, dass die Haut wieder strahlend frisch wird.

Zutaten:

6 Zweige Brennnesseln | 1 Liter Wasser | 3 Nelken

Zubereitung:

Die Brennnesseln, am besten frisch aus dem Garten, zusammen mit den Nelken im Wasser aufkochen lassen. Für weitere 10 Minuten bei niedriger Temperatur ziehen lassen, vom Herd nehmen, in eine Thermoskanne füllen und über den Tag verteilt trinken. Dieser Tee kann natürlich mit Honig nach Bedarf gesüßt werden. Auch Zitronensaft oder Limettensaft eignet sich gut, um den Brennnesseltee zu aromatisieren.

Ayurveda-Kokosdrink

Zutaten:

200 ml Kokoswasser | 50 Gramm Kokosfleisch, frisch | 2 EL Kokosmilch | 1/2 TL Honig | 1 Prise Steinsalz | 1 Spritzer Limettensaft

Zubereitung:

Alle Zutaten gut vermengen, das Kokosfleisch je nach Geschmack klein raspeln. Alternativ kann es auch im Mixer mit dem Kokoswasser püriert werden. Wer kein frisches Kokosfleisch kaufen kann, darf auch ruhig getrocknete Kokosraspeln verwenden. Hierfür reicht jedoch 1 TL Kokosraspeln, getrocknet.

Masala-Chai - der indische Gewürztee

Dieser Tee ist im gesamten asiatischen Raum sehr beliebt und wirkt sehr anregend und stimulierend. In Indien hat beinahe jede Familie ihr eigenes, spezielles Rezept für dieses Nationalgetränk. Sie können mit den angegebenen Zutaten natürlich nach Lust und Laune experimentieren und so Ihr eigenes Rezept zaubern.

Zutaten:

1 Liter Schwarztee, stark | Nelken | Kardamom | Anis | Fenchelsamen | Zimt | Ingwer | Pfefferkörner | Lorbeer | Muskat | Honig, nach Bedarf | 1/4 Liter Milch, Kokosmilch oder Sojamilch

Zubereitung:

Die Gewürze im Schwarztee aufkochen und bei mittlerer Hitze für weitere 10 Minuten köcheln lassen. Vom Herd nehmen und die Gewürze durch ein Sieb abseihen. Den Tee nach Bedarf mit Honig süßen. Zuletzt die Milch einrühren und noch heiß oder bei Zimmertemperatur trinken.

Ayurveda Frühstücksrezepte

Das Wichtigste bei einem Ayurveda Frühstück ist, es muss den Körper mit allen wichtigen Nährstoffen versorgen, darf jedoch nicht belasten und schwer im Magen liegen. Bereits beim Frühstück ist es in der Ayurvedaküche wichtig, dass alle drei Doshas ausgeglichen und harmonisch sind. Es ist wichtig zu wissen, dass in der Zeit zwischen 6 Uhr morgens und 10 Uhr vormittags das Dosha Kapha vorrangig ist. Daher sollte das Frühstück genau auf diesen Zustand angepasst werden.

Jeder Tag sollte mit einem kleinen Glas heißen Wasser beginnen, das auch gerne mit einer Scheibe Orange oder Zitrone mariniert werden darf. Auch ist das Frühstück im Winter reichhaltiger als im Sommer. Der Tag sollte auch mit facettenreichen Gewürzen beginnen - diese sorgen dafür, dass der Organismus in Schwung kommt. Jeder Brei kann natürlich den eigenen Bedürfnissen und Geschmäckern individuell angepasst werden. Der Fantasie sind hier keine Grenzen gesetzt. Voraussetzung ist, dass lediglich mildes Obst ohne hohe Säure verwendet wird. Gesüßt kann der Brei mit Honig, Ahornsirup und Kokosblütenzucker werden.

Wer morgens noch nicht viel Appetit hat, kann sich sämtliche Frühstücksgerichte auch wunderbar mit zur Arbeit nehmen. Wichtig ist, dass der Körper vor 10 Uhr vormittags sein Frühstück erhält, um effektiv arbeiten zu können.

Buchweizenbrei mit Nüssen

Zutaten für eine Portion:

1/2 Tasse Buchweizen | 1 Tasse Wasser | 1 EL Frischkäse | 1 TL Honig | 2 EL Nüsse grob gehackt

Zubereitung:

Den Buchweizen in einem Topf ohne Fett, nach Wunsch auch in etwas Ghee leicht anrösten. Permanent umrühren, damit der Buchweizen nicht anbrennt. Mit dem Wasser aufgießen und bei mittlerer Hitze unter ständigem Rühren so lange kochen, bis das Wasser vollständig absorbiert ist. Der Buchweizen ist nun schön weich und kann vom Herd genommen werden. Frischkäse und Honig einrühren und den Brei mit den grob gehackten Nüssen bestreuen. Wer möchte, kann die Nüsse schon zu Beginn mit dem Buchweizen mitrösten und mitkochen.

Reisbrei mit Kräutern

Zutaten für eine Portion:

1/2 Tasse Reis | 1/2 TL Ghee | 1/2 Tasse Wasser | 1/2 Tasse Reismilch, ungesüßt | 1 Prise Meersalz | 1/2 Chilischote, rot | 1 Korianderwurzel, fein gehackt | 2 EL fein gehackte Kräuter nach Wahl

Zubereitung:

Den Reis im Mörser grob zerstoßen und im Ghee glasig anschwitzen. Mit dem Wasser und der Reismilch aufgießen, salzen und die fein gehackte Chilischote und die fein gehackte Korianderwurzel hinzugeben. Alles aufkochen und so lange köcheln lassen, bis die Flüssigkeit vollständig absorbiert ist. Der Kochvorgang dauert etwa 15 Minuten, dabei das Umrühren nicht vergessen! Vom Herd nehmen und die Kräuter einrühren.

Maisbrei mit Feigen

Zutaten für eine Portion:

1 TL Ghee | 35 Gramm Maisgries | 1 Messerspitze Ingwer, frisch gerieben | etwas Abrieb einer Bio-Orange | 1 Messerspitze Kurkuma | 130 ml Sojamilch | 1 TL Honig | 1 Feige | 1 kleine Prise Steinsalz

Zubereitung:

Den Mais zusammen mit dem Ingwer und der Kurkuma im Ghee anschwitzen und mit dem Abrieb aromatisieren. Mit der Sojamilch aufgießen, bei mittlerer Hitze aufkochen lassen und unter ständigem Rühren für zwei Minuten kochen lassen. Von der Hitze nehmen und mit dem Honig und dem Salz abschmecken. Die Feige klein schneiden und unterheben. Den Brei am besten warm essen - er lässt sich aber auch wunderbar mit zur Arbeit nehmen.

Ofen-Apfel mit Ingwerjoghurt

Zutaten für eine Portion:

1 Apfel | 1 Messerspitze Currypulver, gelb | 1 Prise Nelkenpulver | 1 TL Honig | 2 EL Joghurt | 1 Messerspitze Ingwer, gemahlen

Zubereitung:

Den Curry mit dem Nelkenpulver und dem Honig verrühren. Den Apfel entkernen und in 1 cm große Stücke schneiden. Diese mit dem Honiggewürz vermengen und in eine feuerfeste Auflaufform geben. Im auf 180 °Celsius aufgeheizten Backrohr die Äpfel nur für 8 Minuten backen. Den Joghurt mit dem Ingwer glatt rühren und zusammen mit dem Apfel anrichten.

Porridge mit Aprikosen und Pistazien

Zutaten für eine Portion:

3 EL Haferkleie | 150 ml Haferdrink | 1 TL Ahornsirup | 1 Prise Anispulver | etwas Abrieb einer Bio Limette | 30 Gramm Aprikosen getrocknet | 1 EL Pistazien, gehackt und geröstet

Zubereitung:

Die Haferkleie in einer Pfanne ohne Öl anrösten und mit dem Haferdrink aufgießen. Einmal aufkochen lassen, vom Herd nehmen und für 15 Minuten quellen lassen. Mit Anis und dem Limettenabrieb würzen. Die Aprikosen fein hacken und zusammen mit den Pistazien unterheben.

Hirsebrei mit Mango und Kokos

Zutaten für eine Portion:

50 ml Wasser | 3 EL Kokosmilch | Saft einer halben Bio-Limette | 2 EL Hirse | 2 EL Kokosraspeln | 50 Gramm Mango frisch | 1 TL Kokosblütenzucker

Zubereitung:

Das Wasser mit der Kokosmilch und dem Limettensaft aufkochen und die Hirse einstreuen. Für etwa 10 Minuten unter ständigem Rühren bei mittlerer Hitze köcheln. Nun die Kokosraspel einrühren und ein weiteres Mal aufkochen. Die Mango klein schneiden und unterheben. Zuletzt den Brei mit Kokosblütenzucker verfeinern.

Royale mit Banane und Honig

Zutaten für eine Portion:

80 ml Mandelmilch | 1 Ei | 1 Prise Muskat, gemahlen | 1/2 Banane | 1 EL Honig

Zubereitung:

Die Mandelmilch mit dem Ei und dem Muskat verquirlen und in eine kleine, feuerfeste Form geben. Im Ofen bei 180 °Celsius für 8 Minuten gut stocken lassen. Die Banane in Scheiben schneiden und auf dem Eierstich verteilen. Vor dem Servieren großzügig mit Honig beträufeln.

Haferbrei mit Datteln und Pekannüssen

Zutaten für eine Portion:

120 ml Wasser | 30 Gramm Haferflocken | 2 EL Pekannüsse, gehackt | 3 Datteln | 1 Prise Kardamom, gemahlen | 1 Prise Steinsalz | 1 TL Ahornsirup

Zubereitung:

Die Haferflocken zusammen mit den gehackten Nüssen in einer beschichteten Pfanne ohne Öl leicht anrösten und mit dem Wasser aufgießen. Mit Salz und Kardamom abschmecken und für etwa 5 Minuten unter ständigem Rühren köcheln lassen. Vor dem Essen mit Ahornsirup übergießen.

Paneer - Indischer Frischkäse

Zutaten für etwa 4 bis 6 Portionen:

2 Liter Milch | 4 EL Zitronensaft

Zubereitung:

Die Milch zum Kochen bringen und gelegentlich umrühren. Den Zitronensaft in die Milch geben und so lange rühren, bis Klümpchen entstehen. Wenn sich zu wenig Klumpen bilden, einfach mehr Zitronensaft hinzugeben. Ein Baumwolltuch in ein Sieb legen und die Masse hineingießen. Die Molke abtropfen lassen, unbedingt auffangen und nicht wegschütten. Das Baumwolltuch gut um den Paneer schlagen und fest auspressen. Es soll so viel Flüssigkeit als möglich aus dem Frischkäse gepresst werden. Das Sieb auf eine Schüssel legen, den Paneer im Tuch im Sieb belassen und am besten über Nacht ruhen lassen.

Dieser Frischkäse schmeckt pur, zu Brot, pikant aber auch süß einfach himmlisch.

Wer möchte, kann Paneer auch aus Sojamilch oder Nussmilch herstellen. Dabei kann jedoch immer die Menge an benötigtem Zitronensaft variieren.

Quinoa mit Chili und Ingwer

Zutaten für eine Portion:

100 Gramm Quinoa | 350 ml Mandelmilch, ungesüßt | 1 Prise Meersalz | 1 Chilischote, rot | 1/2 TL Ingwer, frisch gerieben | 1 TL Sojajoghurt

Zubereitung:

Die Quinoa unter fließendem Wasser gut abspülen und anschließend zusammen mit der Mandelmilch und dem Salz in einem Topf zum Kochen bringen. Ingwer und fein gehackte Chili hinzugeben und alles für etwa 18 Minuten bei mittlerer Hitze weiterkochen lassen - zwischendurch immer wieder umrühren. Vor dem Genießen den Sojajoghurt unterrühren und nach Bedarf mit Kräutern verfeinern. Quinoabrei schmeckt auch in der süßen Variante sehr lecker.

Dinkelbrei mit Koriander, Pfeffer und Spinat

Zutaten für eine Portion:

200 ml Sojamilch | 3 EL Dinkelflocken | 20 Gramm Baby-Blattspinat | 1 TL Koriander gehackt | Salz und Pfeffer | 1 Spritzer Limettensaft | bunter Pfeffer aus der Mühle zum Garnieren

Zubereitung:

Die Sojamilch mit Salz und Pfeffer einmal aufkochen lassen und die Dinkelflocken einrühren. Für zwei Minuten bei mittlerer Hitze köcheln lassen. Den Spinat grob hacken und zusammen mit dem gehackten Koriander unter den Dinkelbrei rühren. Mit Limettensaft abschmecken und für etwa eine weitere Minute köcheln lassen. Vor dem Essen noch mit buntem Pfeffer aus der Mühle bestreuen.

Chapati-Brot mit Dinkelmehl und Erdbeerjoghurt

Zutaten für 10 Chapatis:

200 Gramm Dinkelmehl | 120 ml Wasser | 1 Prise Meersalz | etwas Ghee zum Backen | 250 Gramm Erdbeeren | 1/2 Bund Minze | 300 Gramm Joghurt | 1 EL Ahornsirup

Zubereitung:

Das Dinkelmehl mit dem Wasser und dem Salz gut zu einem geschmeidigen Teig verkneten. Der Teig sollte sich sehr leicht von den Fingern lösen lassen. Ist der Teig zu weich und zu klebrig, einfach etwas mehr Dinkelmehl hinzugeben. Den Teig nun mit einem feuchten Tuch abdecken und bei Zimmertemperatur für gut 30 Minuten ruhen lassen. Anschließend aus dem Teig 10 Portionen abschneiden und zu Kugeln formen. Aus diesen Kugeln nun Chapatis formen. Dazu die Kugeln auf einer beschichteten Arbeitsfläche ausrollen. Die einzelnen Brote vor dem Backen dünn mit Ghee bestreichen und in einer beschichteten

Pfanne für etwa 1 Minute pro Seite backen.

Den Joghurt mit der gehackten Minze glatt rühren und mit dem Ahornsirup süßen. Die Erdbeeren klein schneiden und unterheben und zusammen mit den Chapatis anrichten. Dies ist eine schmackhafte und gesunde Alternative zu amerikanischen Pancakes.

Chapatis schmecken auch zu Eintöpfen, Suppen und Aufstrichen sehr lecker.

Ayurvedischer Obstteller

Zutaten für eine Portion:

1/2 Banane | 50 Gramm Papaya | 1/4 Mango, süß | 1 Feige | 1/2 Kiwi | 2 Erdbeeren | etwas Zitronensaft | 1 TL Honig | etwas Zimt zum Bestreuen

Zubereitung:

Die Früchte in mundgerechte Stücke schneiden und mit dem Zitronensaft beträufeln. Mit Honig marinieren und mit Zimt bestreuen. Achten Sie darauf, dass Sie lediglich Früchte mit wenig Säure verwenden. Ab etwa 16 Uhr abends sollten Sie keine Früchte mehr genießen, da diese während der Nachtruhe im Darm gären und für Übersäuerung sorgen.

Kichererbsenbrei mit Vanille

Zutaten für eine Portion:

80 Gramm Kichererbsen, getrocknet | 150 ml Walnussmilch | 1 Prise Meersalz | Mark einer halben Vanilleschote | 1 TL Honig | 1 kleine Messerspitze Ingwer, frisch gerieben

Zubereitung:

Die Kichererbsen in viel Wasser für mindestens 24 Stunden einweichen, abseihen und gut abspülen. Danach in der Walnussmilch zum Kochen bringen. Meersalz, Vanille und Ingwer hinzugeben und für etwa 15 Minuten kochen. Im Mixer oder mit dem Pürierstab zu einem cremigen Brei verarbeiten, mit Honig süßen und nach Bedarf mit Zimt bestreuen. Sie können den Brei zusätzlich mit gehackten und leicht gerösteten Nüssen Ihrer Wahl verfeinern.

Wer es lieber pikant mag, der verwendet anstatt Vanille Korianderwurzeln, Chili und Knoblauch. Dieser pikante Brei schmeckt hervorragend mit frischgebackenen Chapatis oder als kleiner Dip für Gemüsesticks.

Ayurveda Salate

Laut Ayurvedatheorie gelten Salate nicht als eigenständige Mahlzeiten. Diese sollen lediglich die Hauptgerichte begleiten und den Körper mit frischen Vitaminen, Mineralstoffen, Spurenelementen und Ballaststoffen versorgen. Lediglich warm servierte Salate werden auch in der Ayurvedaküche als vollwertige Mahlzeit angesehen.

Fenchelsalat mit Kartoffeln und Pinienkernen

Zutaten für eine Portion:

1/4 Fenchelknolle | 1 kleine gekochte Kartoffel | 1 EL Pinienkerne, geröstet | 1 Radieschen | 1 EL Apfelessig | 1 EL Joghurt | 1 TL Olivenöl | 1 TL Dill gehackt | Salz | Pfeffer

Zubereitung:

Die Fenchelknolle fein raspeln und die Kartoffel in kleine Würfel schneiden. Zusammen mit den Pinienkernen und den blättrig geschnittenen Radieschen vermengen. Aus dem Apfelessig, Joghurt und Olivenöl eine Marinade rühren, mit Salz und Pfeffer würzen und mit den Kräutern verfeinern. Den Salat mit der Marinade vermengen und als vitaminreiche Beilage genießen.

Avocadosalat mit Walnüssen und Granatäpfeln

Zutaten für eine Portion:

1/2 Avocado | 1/2 Tomate | 1/2 Granatapfel | 1 EL Walnüsse, grob gehackt | Saft einer halben Zitrone | 1/2 TL Honig | 1/2 TL Olivenöl | Salz | Pfeffer

Zubereitung:

Die Avocado schälen und würfeln. Die Tomate von den Kernen befreien und ebenfalls würfeln. Zusammen mit den Kernen des Granatapfels vermengen und mit Zitronensaft, Honig, Olivenöl, Salz und Pfeffer marinieren. Vor dem Essen mit Walnüssen garnieren. Sie können die Nüsse zuvor in einer beschichteten Pfanne ohne Öl leicht anrösten. Natürlich dürfen Sie auch sämtliche andere Nüsse, Samen und Kerne verwenden. Kürbiskerne sind sehr aromatisch und harmonieren zum Beispiel ausgezeichnet mit der Avocado.

Gurkensalat mit Buttermilchdressing

Zutaten für eine Portion:

1/2 kleine Salatgurke | 1 Knoblauchzehe | 1/2 Chilischote grün | 3 EL Buttermilch | Salz | Pfeffer

Zubereitung:

Die Gurke in dünne Scheiben schneiden. Knoblauch und Chili fein hacken und mit der Buttermilch zu einem Dressing verarbeiten. Mit Salz und Pfeffer abschmecken und die Gurken damit marinieren. Gurken zählen zu den kühlenden Lebensmitteln und sind besonders an heißen Tagen sehr zu empfehlen. Auch scharfe Gerichte werden mit dem Gurkensalat etwas abgemildert.

Melonensalat mit Tomaten und Chili

Zutaten für eine Portion:

60 Gramm Honigmelone | 1/2 Tomate | 1 kleine Chilischote, rot oder grün | 1 TL Koriander, gehackt | Salz | Pfeffer | 1/2 TL Olivenöl | 1 TL Balsamico-Essig

Zubereitung:

Die Melone schälen und in mundgerechte Stücke schneiden. Die Tomate von den Kernen befreien und würfeln. Die Chilischote ebenfalls entkernen und fein hacken. Alles zusammen mit dem Koriander vermengen und mit einem Dressing aus Olivenöl, Balsamico-Essig, Salz und Pfeffer marinieren.

Dieser Salat passt hervorragend zu kräftig gewürzten Eintöpfen und Fleischgerichten. Durch die fruchtige Süße wird die kräftige Dominanz aromatischer Speisen wieder in Einklang gebracht.

Blattsalate mit Schalotten und Joghurtdressing

Zutaten für eine Portion:

60 Gramm Kopfsalat | 1/2 Schalotte | 1 EL Joghurt | 1/2 TL Petersilie, gehackt | 1/2 TL Kerbel, gehackt | 1/2 TL Olivenöl | Salz | Pfeffer

Zubereitung:

Den Salat waschen, trocknen und in mundgerechte Stücke teilen. Die Schalotte in dünne Scheiben schneiden und mit dem Salat vermengen. Aus Petersilie, Kerbel, Joghurt, Olivenöl, Salz und Pfeffer ein Dressing rühren und den Salat damit marinieren. Sie können das Dressing zusätzlich mit etwas gelbem Currypulver oder Kurkuma verfeinern.

Chinakohl mit Nüssen und Kräutern

Zutaten für eine Portion:

80 Gramm Chinakohl | 1 EL Nüsse, gehackt | 1/2 TL Estragon, gehackt | 1 Prise Kümmel, gemahlen | Salz | Pfeffer | 1 EL Himbeeressig | 1 TL Sesam Öl | 2 EL Wasser

Zubereitung:

Den Chinakohl in feine Streifen schneiden. Die gehackten Nüsse nach Wahl in einer beschichteten Pfanne rösten - so entwickeln sie ihr volles Aroma. Mit dem Chinakohl vermengen und mit Estragon aromatisieren. Aus dem Himbeeressig, Olivenöl und Wasser ein Dressing rühren und mit Salz, Pfeffer und Kümmel abschmecken. Den Salat damit marinieren und genießen. Dieser Salat ist eine wunderbare Beilage auch an etwas kühleren Tagen.

Rote-Bete-Salat mit Apfel

Zutaten für eine Portion:

1 kleine rote Bete, gekocht und geschält | 1/4 Apfel | 1/2 TL Meerrettich, frisch gerieben | 1 EL Apfelessig | 1 TL Walnussöl | Salz | Pfeffer

Zubereitung:

Die Rote Bete halbieren und in dünne Scheiben schneiden. Den Apfel klein würfeln und zusammen mit der Roten Bete und dem Meerrettich vermengen. Aus dem Apfelessig und dem Walnussöl eine Marinade rühren und mit Salz und Pfeffer würzen. Den Salat damit anmachen und nach Wunsch mit frischen Kräutern bestreuen. In der Ayurvedaküche werden stets regionale Kräuter der Saison verwendet.

Ayurveda Linsensalat mit Zimt

Zutaten für eine Portion:

50 Gramm Linsen, gekocht | 1/2 Schalotte | 1 Knoblauchzehe | 1 Prise Zimt | 1 TL Petersilie, gehackt | 1 EL Traubenessig | 1 EL Sesamöl| 3 EL Wasser | Salz | Pfeffer

Zubereitung:

Die Schalotte und den Knoblauch fein hacken und mit den Linsen vermengen. Mit Zimt und Petersilie aromatisieren. Aus dem Traubenessig und dem Sesamöl zusammen mit dem Wasser ein Dressing rühren und dieses mit Salz und Pfeffer abschmecken. Den Linsensalat damit marinieren. Dieser Salat ist ein idealer Salat für Herbst und Winter.

Bulgursalat mit Paneer

Zutaten für eine Portion:

1/2 Tasse Bulgur | 1/2 Tasse Wasser | etwas Ingwer, frisch gerieben | 1 Knoblauchzehe | 1/2 TL Ghee | 1 Frühlingszwiebel | 1 EL Zitronensaft | 1 EL Olivenöl | Salz | Pfeffer | 20 Gramm Paneer

Zubereitung:

Den Knoblauch fein hacken und zusammen mit dem Ingwer im Ghee leicht anschwitzen. Mit dem Wasser aufgießen und den Bulgur hinzugeben. Der Bulgur sollte gut mit Wasser bedeckt sein - gegebenenfalls Wasser nachgeben. Einmal aufkochen lassen, mit einem Deckel verschließen und ohne Hitze für 30 Minuten quellen lassen. Die Frühlingszwiebel in kleine Röllchen schneiden und zusammen mit dem Zitronensaft und dem Olivenöl, Salz und Pfeffer zu einem Dressing verrühren. Den Paneer würfeln und zusammen mit dem Dressing unter den Bulgur mengen.

Salat mit Pilzen und Wasserspinat

Zutaten für eine Portion:

1 EL Ghee | 20 Gramm Champignons | 20 Gramm Austernpilze | 40 Gramm Wasserspinat | 2 EL Balsamicoessig | 1 Spritzer Sojasoße | 1 Messerspitze Cayennepfeffer

Zubereitung:

Die Champignons und die Austernpilze klein schneiden und im Ghee ordentlich anrösten. Den Wasserspinat klein schneiden und ebenfalls in die Pfanne geben. Für weitere 2 Minuten leicht rösten und mit dem Balsamicoessig ablöschen. Mit der Sojasoße und dem Cayennepfeffer würzen. Dieser warme Salat ist auch in der Ayurvedaküche ein eigenständiges Gericht und kann hervorragend als kleines Abendessen genossen werden. Dieser Salat lässt sich auch toll mit zur Arbeit nehmen.

Möhrensalat mit karamellisierten Nüssen

Zutaten für eine Portion:

1/2 Möhre | 1 EL Cashewnüsse, grob gehackt | 1/2 TL Honig | Saft einer halben Orange | 1 Prise Kardamom | Salz | Pfeffer | 1 Spritzer Limettensaft

Zubereitung:

Die Möhre in 3 mm dicke Scheiben schneiden und in einen Topf geben. Mit Wasser füllen, bis die Möhren bedeckt sind. Das Wasser mit Salz, Kardamom und Limettensaft würzen und die Möhren darin bei mittlerer Hitze für 5 Minuten kochen. Das Wasser abgießen und die Möhren auskühlen lassen. Die Cashewnüsse zusammen mit dem Honig in einer beschichteten Pfanne erhitzen und leicht karamellisieren lassen. Mit dem Orangensaft ablöschen und mit den Möhren vermengen. Vor dem Servieren den Salat mit Salz und Pfeffer abschmecken.

Feldsalat mit Ingwerdressing

Zutaten für eine Portion:

60 Gramm Feldsalat | 1/4 Paprika, rot | 1 Messerspitze Ingwer, frisch gerieben | 1 EL saure Sahne | 1 TL Olivenöl | 1 TL Schnittlauch, in Röllchen geschnitten | Salz | Pfeffer

Zubereitung:

Den Feldsalat gut waschen, trocknen und in eine Schüssel geben. Den Paprika in dünne Streifen schneiden und mit dem Ingwer und dem Schnittlauch vermengen. Zum Feldsalat in die Schüssel geben. Aus der sauren Sahne, Olivenöl, Salz und Pfeffer ein Dressing rühren und den Salat damit marinieren. Sie können den Salat zusätzlich mit gebratenen Pilzen, gerösteten Nüssen oder gewürfeltem Paneer verfeinern.

Salat mit knackigen Sojasprossen

Zutaten für eine Portion:

40 Gramm Sojasprossen | 1/2 Paprika, gelb | 2 Cherrytomaten | 1 Chilischote, rot | 1 EL Reisessig | 1 EL Sesamöl | 2 EL Wasser | 1 Prise Steinsalz

Zubereitung:

Den Paprika in Streifen schneiden, die Tomaten vierteln und die Chili klein hacken. Alles zusammen mit den Sojasprossen vermengen. Aus dem Reisessig, dem Sesamöl, Wasser und Salz ein Dressing rühren und den Salat damit marinieren. Sojasprossen haben einen hohen Wasseranteil - der Salat ist somit perfekt für heiße Tage, oder ein idealer Ausgleich nach anstrengenden Arbeiten oder sportlichen Aktivitäten. Zudem versorgen die Sojasprossen den Körper mit wichtigen Mineralstoffen.

Warmer Kürbissalat aus der Ayurvedaküche

Zutaten für eine Portion:

80 Gramm Hokkaidokürbis | 1 Prise Zimt | 1 TL Honig | Salz | Pfeffer | 2 EL Apfelessig | 1 TL Kürbiskernöl | 1 EL Kürbiskerne, gehackt

Zubereitung:

Den Kürbis schälen und in etwa 5 cm dicke Scheiben schneiden. Mit Zimt, Honig, Salz und Pfeffer gut einreiben. Den Kürbis auf ein mit Backpapier ausgelegtes Backblech legen und im Ofen bei Ober und Unterhitze bei 200 °Celsius für etwa 8 Minuten garen. Aus dem Ofen nehmen, auf einem Teller anrichten, mit Apfelessig und Kürbiskernöl beträufeln und mit den gehackten Kürbiskernen bestreuen.

Dieser warme Salat ist ein hervorragendes kleines Abendessen an kühlen Herbst oder Wintertagen.

Schmackhafte Suppen aus der Ayurvedaküche

Suppen eigenen sich toll als Vorspeisen, sind in der Ayurvedaküche jedoch auch vollwertige Gerichte. Durch die Verwendung von frischem Gemüse und aromatischen Kräutern und Gewürzen regen diese Suppen den Stoffwechsel an und versorgen den Körper mit wichtigen Vitaminen, Mineralstoffen und Ballaststoffen. Durch die ausgewogene Balance von Schärfe, Säure, Süße und leicht herben Bitterstoffen bringen diese Suppen Vata, Pitta und Kapha wunderbar in Einklang.

Petersilienwurzelsuppe

Zutaten für eine Portion:

1 TL Ghee | 1 Schalotte | 60 Gramm Petersilienwurzeln | 200 ml Gemüsebrühe | 2 EL Schmand | Salz | Pfeffer | 1 Prise Nelkenpulver

Zubereitung:

Die Schalotte und die Petersilienwurzel klein schneiden und im Ghee für etwa 3 Minuten anrösten. Mit der Gemüsebrühe ablöschen und für weitere 10 Minuten bei mittlerer Hitze simmern lassen. Mit Salz, Pfeffer und Nelkenpulver würzen und mit dem Pürierstab zu einer cremigen Suppe verarbeiten. Mit dem Schmand verfeinern und nach Bedarf mit frischen Kräutern der Saison bestreuen.

Eintopf mit Pastinaken und Weißkraut

Zutaten für eine Portion:

1 TL Ghee | 30 Gramm Pastinaken | 1 Knoblauchzehe | 1/2 TL gelbes Currypulver | 1 EL Apfelessig | 200 ml Gemüsebrühe | 30 Gramm

Weißkraut | 1 Prise Kreuzkümmel, gemahlen | 1 Prise Ingwerpulver | Salz | Pfeffer | 1 Lorbeerblatt

Zubereitung:

Die Pastinaken in 5 mm große Würfel schneiden und den Knoblauch fein hacken. Beides zusammen im Ghee für 3 Minuten anrösten und das Currypulver für eine weitere Minute mitrösten. Mit dem Apfelessig ablöschen und mit der Gemüsebrühe aufgießen. Das Weißkraut in dünne Streifen schneiden und ebenfalls in die Suppe geben. Kreuzkümmel, Ingwer und Lorbeerblatt in die Suppe geben und alles für 10 Minuten kochen. Vor dem Anrichten mit Salz und Pfeffer abschmecken.

Dal - Mungobohnensuppe

Zutaten für eine Portion:

50 Gramm Mungobohnen | 250 ml Gemüsebrühe | 1 Tomate | 1/4 Möhre | 1/4 Paprika, grün | etwas Kreuzkümmel | 1/2 cm Ingwer, frisch | 1 Knoblauchzehe | 5 Senfkörner | 1 Chilischote, rot | 5 Fenchelsamen | 2 Curryblätter | 1 EL Ghee | etwas Sojasoße

Zubereitung:

Die Mungobohnen über Nacht in kaltem Wasser einweichen, abgießen und gut abwaschen. Anschließend in der Gemüsebrühe für ca. 20 Minuten weich kochen. Die Tomate würfeln, entkernen und zusammen mit der klein geschnittenen Möhre und dem gewürfelten Paprika in die Suppe geben. Mit Kreuzkümmel, Ingwer in Scheiben, gehacktem Knoblauch, Senfkörner, gehackter Chili, Fenchelsamen und Curryblättern abschmecken und für weitere 7 Minuten bei mittlerer Hitze köcheln lassen. Das Ghee einrühren und mit Sojasoße abschmecken.

Ayurvedasuppe aus Radieschenblättern

Zutaten für eine Portion:

1/2 Bund Radieschenblätter | 1 Schalotte | 1 Knoblauchzehe | 1 TL Ghee | 1 EL Apfelessig | 200 ml Gemüsebrühe | 1 Messerspitze Natron | 1 kleine mehlige Kartoffel | 1 EL Kokosmilch | Salz | Pfeffer

Zubereitung:

Die Radieschenblätter, die Schalotte und den Knoblauch klein schneiden und im Ghee für einige Minuten anrösten. Mit dem Apfelessig ablöschen und mit der Gemüsebrühe aufgießen. Das Natron hinzufügen, damit die Blätter ihre schöne, grüne Farbe behalten. Die Kartoffel fein reiben und ebenfalls in die Suppe geben. So wird diese Suppe besonders cremig. Nach etwa 6 Minuten mit Kokosmilch verfeinern, einmal kurz aufgießen, mit Salz und Pfeffer abschmecken und in einer schönen Suppenschale anrichten.

Kadhi - die ayurvedische Buttermilchsuppe

Zutaten für eine Portion:

100 ml Wasser | 150 ml Buttermilch | 1,5 EL Kichererbsenmehl | etwas Bockshornkleesamen | einige Kreuzkümmelsamen | 5 Senfkörner | 2 Gewürznelken | 3 Curryblätter | 1 TL Ghee | Salz | Pfeffer

Zubereitung:

Sämtliche Gewürze im Mörser zusammenstampfen und im Ghee anrösten, bis diese leicht aufpoppen. So entfalten die Samen und Gewürze ein besonders intensives Aroma. Das Wasser mit der Buttermilch vermengen und mit dem Schneebesen das Kichererbsenmehl gut einrühren. Es dürfen keine Klümpchen entstehen. Nun die Flüssigkeit über die Samen gießen und für eine Stunde bei mittlerer Hitze köcheln lassen. Mit Salz und Pfeffer abschmecken und anrichten. Sie können die Suppe mit gerösteten Nüssen, gerösteter Zwiebel oder frischen Kräutern nach Wunsch verfeinern.

Aromatische Suppe aus roten Linsen

Zutaten für eine Portion:

1 TL Ghee | 1/2 Schalotte | 1 Messerspitze Paprikapulver, scharf | 1 EL Weißweinessig | 50 Gramm rote Linsen | 200 ml Gemüsebrühe | 4 Rosmarinnadeln | Salz | Pfeffer | 1 Prise Kümmel, gemahlen | 1 TL Frischkäse | 1/2 TL gehackter Kerbel

Zubereitung:

Die Schalotte klein schneiden und im Ghee glasig anschwitzen. Das Paprikapulver dazugeben und kurz mitrösten. Mit dem Weißweinessig ablöschen und die Linsen hinzufügen. Mit der Gemüsebrühe aufgießen. Mit Rosmarin, Salz, Pfeffer und Kümmel würzen und alles bei mittlerer Hitze für etwa 15 Minuten kochen. Mit dem Zauberstab pürieren und mit dem Frischkäse verfeinern. Vor dem Servieren großzügig mit dem gehackten Kerbel bestreuen.

Grüne Ayurvedasuppe mit Brokkoli, Auberginen und Zucchini

Zutaten für eine Portion:

40 Gramm Brokkoli | 200 ml Gemüsebrühe | Salz | Pfeffer | 1 EL Ghee | 20 Gramm Auberginen | 20 Gramm Zucchini | 50 ml Sahne | 1 EL Mandelblättchen, geröstet, zum Bestreuen

Zubereitung:

Den Brokkoli in der Gemüsebrühe für etwa 8 Minuten weich kochen, salzen und pfeffern und mit dem Zauberstab pürieren. Auberginen und Zucchini in kleine Würfel schneiden und im Ghee anrösten. Ebenfalls in die Suppe geben, kurz aufkochen und mit der Sahne verfeinern. Vor dem Servieren mit Mandelblättchen bestreuen. Sie können die Mandelblättchen Natur, oder leicht geröstet verwenden.

Möhrensuppe mit Basilikum

Zutaten für eine Portion:

1/2 kleine Möhre | 1 TL Ghee | 1/2 TL Honig | Saft einer halben Bio-Orange | 200 ml Gemüsebrühe | 50 Gramm Kefir | 6 Blätter Basilikum | Salz | Pfeffer

Zubereitung:

Die Möhre klein schneiden und im Ghee für einige Minuten anrösten. Den Honig dazugeben und leicht karamellisieren lassen. Mit dem Orangensaft ablöschen und mit der Gemüsebrühe aufgießen. Für weitere 8 Minuten köcheln lassen und die Suppe anschließend mit dem Zauberstab pürieren. Mit Kefir und Basilikum verfeinern, mit Salz und Pfeffer abschmecken und servieren.

Ayurvedische Detoxsuppe

Zutaten für eine Portion:

1/2 Zwiebel, rot | 1 Stange Staudensellerie | 1/4 Möhre, gelb | 1 kleine Violetta-Kartoffel | 1 Baby-Mangold | 2 Cherrytomaten | 250 ml Gemüsebrühe | 2 dünne Scheiben Ingwer | 2 Korianderwurzeln | Salz | Pfeffer

Zubereitung:

Alle Zutaten in mundgerechte Stücke schneiden und in der Gemüsebrühe für gut 15 Minuten bei mittlerer Hitze weich kochen. Mit Salz und Pfeffer abschmecken und genießen. Die Suppe ist perfekt zum Entschlacken und versorgt den Körper mit ausreichend Flüssigkeit,

Vitaminen und Mineralstoffen. Die Detoxsuppe ist zudem leicht entwässernd und schafft Ausgleich an heißen, wie auch an kalten Tagen.

Kartoffelsuppe mit Ingwer, Chili und Zimt

Zutaten für eine Portion:

80 Gramm Kartoffeln | 1/2 Zwiebel | 1 EL Ghee | 1 Chilischote, rot | 1/2 TL Ingwer, frisch, fein gerieben | 200 ml Gemüsebrühe | 1/2 Zimtstange | Salz | Pfeffer | 1 Prise Nelkenpulver

Zubereitung:

Kartoffeln und Zwiebel klein schneiden und im Ghee für einige Minuten anrösten. Chili und Ingwer hinzugeben und für weitere 2 Minuten anbraten. Mit der Brühe aufgießen. Die Zimtstange in die Suppe geben und alles für 15 Minuten bei mittlerer Hitze köcheln lassen. Mit Salz, Pfeffer und Nelkenpulver würzen, die Zimtstange herausnehmen und die Suppe mit dem Pürierstab cremig mixen.

Scharfe Mangosuppe mit Kokosmilch

Zutaten für eine Portion:

1 TL Ghee | 1 Schalotte | Saft und Abrieb einer halben Bio Limette | 60 Gramm Mango frisch | 1 Messerspitze Currypulver gelb | 1 Chilischote grün | 200 ml Gemüsebrühe | 50 ml Kokosmilch | etwas Sojasoße

Zubereitung:

Die Schalotte und die Chilischote klein schneiden und im Ghee kurz anrösten. Das Currypulver hinzugeben und für eine weitere Minute mitrösten. Mit dem Saft der Limette ablöschen und mit dem Abrieb aromatisieren. Die Mango klein würfeln und ebenfalls hinzufügen. Mit der Gemüsebrühe aufgießen und für 6 Minuten köcheln. Mit der Kokosmilch verfeinern und mit etwas Sojasoße nach Bedarf abschmecken.

Erbsensuppe

Zutaten für eine Portion:

80 Gramm Erbsen | 1 Knoblauchzehe | 200 ml Gemüsebrühe | 1 Messerspitze Natron | 50 ml Sahne oder Mandelmilch | Salz | Pfeffer

Zubereitung:

Die Erbsen mit der ganzen Knoblauchzehe zusammen mit dem Natron in der Gemüsebrühe für etwa 5 Minuten kochen. Durch das Natron bleibt die grüne Farbe der Erbsen erhalten. Mit dem Zauberstab pürieren, mit der Sahne oder der Mandelmilch verfeinern, und vor dem Essen mit Salz und Pfeffer abschmecken.

Topinambursuppe mit Apfel aus der Ayurvedaküche

Zutaten für eine Portion:

100 Gramm Topinambur | 1 TL Ghee | 1/2 TL Currypulver gelb | 1/2 TL Honig | 250 ml Gemüsebrühe | 1/4 Apfel | 1 Prise Kardamom Pulver | 1 Prise Nelkenpulver | Salz | Pfeffer | 1 EL Joghurt

Zubereitung:

Die Topinambur schälen und klein schneiden und im Ghee leicht anschwitzen. Das Currypulver hinzugeben und mitrösten. Den Honig hinzufügen und leicht karamellisieren lassen. Mit der Gemüsebrühe aufgießen. Für etwa 15 Minuten die Topinambur bei mittlerer Hitze weich kochen. Den Apfel schälen und klein schneiden und ebenfalls für 4 Minuten in der Suppe mitkochen. Mit Kardamom, Nelkenpulver, Salz und Pfeffer abschmecken und mit dem Zauberstab pürieren. Die Suppe anrichten und mit dem Joghurt als Topping garnieren.

Goldene Milch Suppe

Zutaten für eine Portion:

1 Knoblauchzehe | 1/2 Schalotte | 1 EL Kurkumapaste | 1/2 TL Ghee | 150 ml Gemüsebrühe | 2 Stangen Staudensellerie | 100 ml Sojamilch | Salz | Pfeffer

Zubereitung:

Den Knoblauch und die Schalotte klein schneiden und im Ghee kurz anrösten. Die Kurkumapaste hinzugeben und kurz mitrösten. Mit der Gemüsebrühe aufgießen. Die Staudensellerie in Ringe schneiden und für 8 Minuten in der Suppe weich kochen. Mit Sojamilch verfeinern und mit Salz und Pfeffer abschmecken.

Gemüsegerichte aus der Ayurvedaküche

Gemüse nimmt in der Ayurvedaküche einen hohen Stellenwert ein. Da diese Küche ihren Ursprung in Indien hat, ist es nicht verwunderlich, dass hier sehr viele vegetarische Gerichte zu finden sind. Sie werden jedoch schnell bemerken, dass Gemüse auf keinen Fall langweilig sein muss. Garantiert ist Ihre ganze Familie im Nu von diesen tollen Rezepten begeistert.

Schwarzwurzel-Rahmgemüse

Zutaten für eine Portion:

100 Gramm Schwarzwurzeln | 1 TL Ghee | 1 Knoblauchzehe | 1 EL Weißweinessig | 100 ml Sahne | 1/2 Sternanis | 1 Prise Kreuzkümmel, gemahlen | Salz | Pfeffer

Zubereitung:

Die Schwarzwurzeln schälen und in 2 cm große Stücke schneiden. Im Ghee zusammen mit dem gehackten Knoblauch anrösten. Mit dem Essig ablöschen und mit der Sahne aufgießen. Sternanis und Kümmel hinzugeben und alles für 12 Minuten bei mittlerer Hitze kochen. Vor dem Essen dezent mit Salz und Pfeffer abschmecken.

Kohlrabi-Curry mit Tomaten

Zutaten für eine Portion:

80 Gramm Kohlrabi | 1/2 Schalotte | 1 TL Ghee | 1 Messerspitze Currypulver, gelb | Saft einer halben Bio-Limette | 1 Zweig Thymian | 80 Gramm Joghurt | 1 EL Frischkäse | 2 kleine Tomaten | Salz | Pfeffer

Zubereitung:

Den Kohlrabi schälen und in 1 cm große Würfel schneiden. Zusammen mit der klein gehackten Schalotte im Ghee glasig anschwitzen. Das Currypulver hinzugeben und für etwa eine Minute mitrösten. Mit dem Limettensaft ablöschen und mit dem Thymian aromatisieren. Mit Joghurt und Frischkäse verfeinern. Die Tomaten entkernen, klein schneiden und unter die Soße rühren. Für weitere 5 Minuten leicht simmern lassen und vor dem Essen mit Salz und Pfeffer abschmecken.

Aubergineneintopf

Zutaten für eine Portion:

80 Gramm Auberginen | 1/2 rote Zwiebel | 1 TL Ghee | 100 ml Gemüsebrühe | 1 Zweig Rosmarin | 1 Messerspitze Ingwerpulver | 1 Chilischote, rot | Salz | Pfeffer

Zubereitung:

Die Auberginen in 2 cm große Würfel schneiden und zusammen mit der fein gehackten Zwiebel und der Chilischote im Ghee leicht anbraten. Mit der Gemüsebrühe aufgießen und mit dem Rosmarin aromatisieren. Mit Ingwer, Salz und Pfeffer abschmecken und für etwa 8 Minuten bei mittlerer Hitze köcheln lassen.

Gemüsepfanne mit Cashewnüssen

Zutaten für eine Portion:

1/4 Paprika, gelb | 1/4 Paprika, rot | 30 Gramm Brechbohnen | 1/4 rote Zwiebel | 1 Knoblauchzehe | 20 Gramm Zucchini | 20 Gramm Cashewnüsse | 1 Chilischote, rot | 1 Messerspitze Ingwer, frisch gerieben | 1 EL Ghee | Salz | Pfeffer | 1 EL Koriander gehackt

Zubereitung:

Sämtliches Gemüse in Würfel und Streifen schneiden und im Ghee gut anrösten. Die Cashewnüsse hinzugeben und für weitere 5 Minuten anbraten. Mit Ingwer, Salz und Pfeffer würzen und vor dem Servieren den gehackten Koriander untermengen.

Grüne Bohnen mit Seitan

Zutaten für eine Portion:

60 Gramm grüne Bohnen | 1 Knoblauchzehe | 30 Gramm Seitan | 1 TL Ghee | 80 ml Gemüsebrühe | etwas Bohnenkraut, getrocknet | 2 Curryblätter | 1 Prise Heeng, gemahlen | Salz | Pfeffer

Zubereitung:

Die grünen Bohnen grob schneiden und mit der gehackten Knoblauchzehe und dem gewürfelten Seitan im Ghee für 3 Minuten anrösten. Mit der Gemüsebrühe aufgießen und zusammen mit Bohnenkraut, Curryblätter und Heeng für weitere 8 Minuten bei mittlerer Hitze köcheln lassen. Vor dem Essen mit Salz und Pfeffer nach Bedarf abschmecken.

Sie können Seitan auch bequem selbst zu Hause herstellen. Aus etwa 1 kg Mehl wird bis auf das Klebereiweiß alles aus dem Mehl herausgewaschen. Das Ergebnis ist etwa 1/4 Kilogramm Seitan.

Möhrengemüse in Koriandersoße

Zutaten für eine Portion:

40 Gramm Möhren | 40 Gramm gelbe Möhren | 1 Messerspitze Ingwer, frisch gerieben | 1 TL Ghee | 60 ml Gemüsebrühe | 2 EL Schmand | 1 EL Koriander, gehackt | Salz | Pfeffer

Zubereitung:

Die Möhren klein schneiden und zusammen mit dem Ingwer im Ghee gut anrösten. Mit der Gemüsebrühe aufgießen und für etwa 6 Minuten bei mittlerer Hitze köcheln lassen. Mit Schmand verfeinern, mit Salz und Pfeffer abschmecken. Vor dem Essen den frischen, gehackten Koriander unterrühren.

Gefüllter Kürbis

Zutaten für eine Portion:

1 Minikürbis | 1/2 Schalotte | 2 Champignons | 1 TL Ghee | 1 EL Quinoa | 4 EL Wasser | Salz | Pfeffer | 1 EL Petersilie, gehackt

Zubereitung:

Vom Kürbis den Deckel entfernen und mit einem Löffel aushöhlen. Die Kerne entfernen und das Fruchtfleisch klein schneiden. Zusammen mit der klein geschnittenen Schalotte und den Champignons im Ghee schön anschwitzen. Quinoa kurz mitrösten und mit dem Wasser aufgießen. Mit Salz und Pfeffer abschmecken und mit der Petersilie verfeinern. Die Masse in den Kürbis füllen und bei 170 °Celsius für etwa 30 Minuten im Backrohr garen. Verwenden Sie im Backrohr Ober,- und Unterhitze.

Gefüllter Paprika

Zutaten für eine Portion:

1/2 Paprika gelb | 1/4 Zucchini | 1 kleine Tomate | 1 Prise Kardamom | 1 Prise Currypulver | 1/2 TL Honig | Salz | Pfeffer

Zubereitung:

Den Paprika gut von Kernen befreien. Die Zucchini klein schneiden. Die Tomate von Kernen befreien und ebenfalls würfeln. Zucchini und

Tomate mit Kardamom, Currypulver, Honig, Salz und Pfeffer vermengen und alles in den halben Paprika füllen. Im Backrohr bei Ober,- und Unterhitze und 170 °Celsius für etwa 20 Minuten backen.

Pakoras

Zutaten für eine Portion:

20 Gramm Kichererbsenmehl | 40 ml Buttermilch | 1 Prise Koriandersamen, gemahlen | 1 Prise Cayennepfeffer | 1 Prise Currypulver, gelb | 1 Knoblauchzehe | 20 Gramm Zucchini | 20 Gramm Brokkoli | 1 Prise Meersalz | Ghee, zum Ausbacken

Zubereitung:

Das Kichererbsenmehl mit der Buttermilch gut verrühren, es sollte ein dickflüssiger Teig entstehen. Mit Koriandersamen, Cayennepfeffer, Currypulver, Meersalz und fein gehacktem Knoblauch würzen. Die Zucchini und den Brokkoli klein schneiden und in den Backteig geben. In einer tiefen Pfanne reichlich Ghee erhitzen lassen. Mit dem Löffel kleine Häufchen der Teigmasse in die geklärte, heiße Butter geben und zu knusprigen Pakoras backen. Nach Lust und Laune können diese pur oder mit diversen Dip-Soßen gegessen werden.

Gratinierter Staudensellerie

Zutaten für eine Portion:

80 Gramm Staudensellerie | 2 EL Frischkäse | 1/2 Chilischote, rot | 1 Messerspitze Ingwer, frisch gerieben | 1 Prise Heeng | 1 Prise Meersalz | 1 EL Käse, gerieben

Zubereitung:

Den Staudensellerie schälen und in mundgerechte Stücke schneiden. In Wasser für 2 Minuten kurz blanchieren, abgießen und in eine kleine Auflaufform geben. Den Frischkäse mit dem fein gehackten Chili glatt rühren und mit Ingwer, Heeng und Meersalz würzen. Über dem Staudensellerie verteilen, mit Käse bestreuen und für etwa 8 Minuten bei Ober,- und Unterhitze und 180 °Celsius im Backrohr gratinieren.

Gemüse Biryani

Zutaten für eine Portion:

1/2 Tasse Basmatireis | 1 Tasse Wasser | 1 TL Ghee | 4 Senfkörner | 1/2 TL Biryanigewürz | 1 Kardamomkapsel | 1 Nelke | 1 Knoblauchzehe | 1/4 Zucchini | 30 Gramm Blumenkohl | 2 EL Joghurt | etwas Limettensaft zum Beträufeln

Zubereitung:

Den Basmatireis roh im Ghee anrösten. Mit Senfkörnern, Biryanigewürz, Kardamom, Nelke und gehacktem Knoblauch würzen. Zucchini und Blumenkohl ebenfalls klein schneiden und mitrösten. Mit dem Wasser aufgießen und bei mittlerer Hitze so lange kochen, bis das Wasser verdampft und der Reis weich ist. Gegebenenfalls etwas mehr Wasser hinzufügen. Den Joghurt einrühren und vor dem Essen das Biryani mit Limettensaft beträufeln.

Gemüserösti mit Mango-Chutney

Zutaten für eine Portion:

1/4 Möhre | 1/4 Zucchini | 1 kleine Kartoffel | 1 Eigelb | 1 EL Mandelmehl | etwas Kümmel, gemahlen | 1 Prise Nelkenpulver | Salz | Pfeffer | 1 TL Ghee

Für das Chutney:

1/2 rote Zwiebel | 1 Knoblauchzehe | 1 Chilischote, rot | 1 Messerspitze Ingwer, frisch gerieben | Saft einer halben Zitrone | 1 TL Honig | 1/2 Mango, vollreif | 100 ml Gemüsebrühe

Zubereitung:

Möhre, Zucchini und Kartoffel fein raspeln und mit dem Eigelb und dem Mandelmehl vermengen. Mit Kümmel, Nelkenpulver, Salz und Pfeffer abschmecken und zwei kleine Rösti formen. Diese im Ghee für jeweils 2 Minuten auf jeder Seite braten.

Für das Chutney Zwiebel, Knoblauch und Chili fein hacken und im Zitronensaft kochen, bis die Flüssigkeit beinahe verdampft ist. Ingwer und Honig zugeben und leicht karamellisieren lassen. Die Mango würfelig schneiden und hinzugeben. Mit der Brühe aufgießen und so lange bei mittlerer Hitze kochen, bis ein dickflüssiges Chutney entsteht.

Blumenkohl mit Kokossoße

Zutaten für eine Portion:

1 Knoblauchzehe | 1/2 TL Ghee | Saft einer halben Bio-Limette | 80 ml Kokosmilch | 1 Prise Anispulver | 80 Gramm Blumenkohl | Salz | Pfeffer

Zubereitung:

Den Knoblauch klein schneiden und im Ghee glasig anschwitzen. Mit dem Limettensaft ablöschen und mit der Kokosmilch aufgießen. Mit Anis würzen und mit Salz und Pfeffer abschmecken. Den Blumenkohl in kleine Rosen teilen und in die Soße geben. Für etwa 6 Minuten bei mittlerer Hitze fertig dünsten.

Seitanschnitzel mit Pilzsoße

Zutaten für eine Portion:

80 Gramm Seitan | 1 EL Mehl | 1 Ei | 1 Messerspitze Kurkuma | 1 EL Joghurt | 2 EL Pankomehl | 1 Schalotte | 3 Champignons | 1 TL Ghee

| 1 EL Reisweinessig | 50 ml Sahne | Salz | Pfeffer | 1 Prise Kümmel, gemahlen | 1/2 EL Schnittlauch, in Röllchen

Zubereitung:

Den Seitan in Scheiben schneiden und im Mehl wälzen. Das Ei mit dem Joghurt und der Kurkuma verquirlen und den Seitan durchziehen. Im Pankomehl panieren und im Ghee für jeweils 2 Minuten pro Seite backen. Aus der Pfanne nehmen und zur Seite legen. Die Schalotte und die Champignons klein schneiden und in der Pfanne anschwitzen. Mit dem Reisweinessig ablöschen und mit der Sahne aufgießen. Kurz einreduzieren lassen und mit Salz, Pfeffer und Kümmel abschmecken. Die Seitanschnitzel mit der Soße übergießen und großzügig mit dem Schnittlauch bestreuen.

Deftiger Eintopf vom Wurzelgemüse

Zutaten für eine Portion:

1/4 Möhre | 30 Gramm Petersilienwurzeln | 30 Gramm Sellerie | 30 Gramm Lauch | 200 ml Gemüsebrühe | 1 Lorbeerblatt | 2 Wacholderbeeren | 2 Pimentkörner | 2 Fäden Safran | Salz | Pfeffer | 1 EL Petersilie, gehackt, zum Bestreuen

Zubereitung:

Das Gemüse in gleichgroße Stücke schneiden und in der Suppe weich kochen. Mit Lorbeerblatt, Wacholderbeeren, Pimentkörnern, Safran, Salz und Pfeffer würzen und vor den Essen großzügig mit frisch gehackter Petersilie bestreuen.

Kartoffeln, Bohnen, Linsen und Co

Die meisten Gerichte mit Bohnen, Linsen und Kartoffeln sind für alle drei Dosha-Typen geeignet. Linsen und Co werden in der ayurvedischen Küche sehr gerne verwendet, da sie viel Eisen enthalten, blutreinigend und blutbildend sind. Zudem sind diese Lebensmittel sättigend und bestechen mit der weichen Konsistenz. Bei Gerichten mit Kartoffeln, Bohnen und Linsen lassen sich sämtliche Gewürze wunderbar kombinieren.

Wer getrocknete Zutaten verwendet, sollte diese immer über Nacht einweichen. Werden diese am nächsten Tag gut abgespült, so verlieren auch Linsen ihre blähende Wirkung. Ein weiterer Tipp aus der Ayurvedaküche ist, blähende Lebensmittel immer mit in Ghee angebratenem Knoblauch, Kümmel, Fenchelsamen und Anis zu verwenden.

Dreierlei Kartoffeleintopf

Zutaten für eine Portion:

30 Gramm Kartoffeln | 30 Gramm Süßkartoffeln | 30 Gramm Violetta-Kartoffeln | 2 Knoblauchzehen | 1 EL Ghee | 1/2 TL Currypulver | 150 ml Gemüsebrühe | 2 Gewürznelken | 1 Prise Kümmel, gemahlen | 1 Prise Anispulver | 2 EL Joghurt | 1 EL Kerbel, gehackt | Salz | Pfeffer

Zubereitung:

Die Kartoffeln schälen und in 1,5 cm große Würfel schneiden. Den Knoblauch hacken und zusammen mit den gewürfelten Kartoffeln im Ghee anbraten. Das Currypulver hinzugeben und kurz mitrösten. Mit der Brühe aufgießen und mit Nelken, Kümmel, Anis, Salz und Pfeffer würzen. Für etwa 8 Minuten bei mittlerer Hitze köcheln lassen. Den

Joghurt einrühren und einmal kurz aufkochen lassen. Den Eintopf anrichten und vor dem Essen großzügig mit gehacktem Kerbel bestreuen.

Kichererbseneintopf

Zutaten für eine Portion:

50 Gramm Kichererbsen | 1 kleine Kartoffel | 20 Gramm Sellerie | 1/2 Schalotte | 1 EL Ghee | 1 Messerspitze Kurkuma, frisch | 1 Messerspitze Ingwer, frisch gerieben | 1 Chilischote, rot | 150 ml Gemüsebrühe | 1 EL Frischkäse | etwas Sojasoße

Zubereitung:

Die Kichererbsen über Nacht einweichen, abgießen und gut abspülen. Kartoffel, Sellerie und die Schalotte klein schneiden und zusammen mit den Kichererbsen im Ghee kurz anrösten. Mit Kurkuma, Ingwer und der fein gehackten Chilischote würzen und mit der Brühe aufgießen. Für 20 Minuten bei mittlerer Hitze köcheln lassen, mit Frischkäse verfeinern und mit etwas Sojasoße abschmecken.

Feurige Linsen

Zutaten für eine Portion:

1/2 Schalotte | 1 Knoblauchzehe | 1 TL Ghee | 1/2 TL Paprikapulver, scharf | 2 Tomaten | 60 Gramm Linsen | 2 Korianderwurzeln | 100 ml Gemüsebrühe | 1 Prise Kreuzkümmel, gemahlen | 1 Prise Kardamom, gemahlen | etwas Honig | Salz | Pfeffer

Zubereitung:

Die Linsen über Nacht einweichen, abseihen und gut abspülen. Die Schalotte und den Knoblauch klein schneiden und im Ghee gut anschwitzen. Das Paprikapulver kurz mitrösten. Die Tomaten von den

Kernen befreien, klein schneiden und ebenfalls in die Pfanne geben. Linsen und fein gehackte Korianderwurzeln dazugeben und kurz durchschwenken. Mit der Gemüsebrühe aufgießen und mit Kreuzkümmel, Kardamom, Honig, Salz und Pfeffer würzen. Für etwa 18 Minuten bei mittlerer Hitze köcheln, bis die Linsen schön weich sind.

Toor Dal mit gelben Erbsen

Zutaten für eine Portion:

50 Gramm gelbe Erbsen, getrocknet | 1 EL Ghee | 3 Senfkörner | etwas Kreuzkümmel | Bockshornklee | 1 Messerspitze Currypaste, rot | 1 Chilischote, rot | 1/2 TL Honig | 200 ml Gemüsebrühe | 1/2 filetierte Zitrone | 1 Prise Zimt | etwas Sojasoße

Zubereitung:

Die getrockneten Erbsen über Nacht einweichen, abseihen und gut abspülen. Im Ghee zusammen mit den Senfkörnern, dem Kreuzkümmel, dem Bockshornklee und der klein geschnittenen Chilischote anrösten. Die Currypaste hinzugeben und unter ständigem Rühren auflösen. Honig unterrühren und leicht karamellisieren lassen. Mit der Gemüsebrühe aufgießen und die filetierte Zitrone klein geschnitten einrühren. Mit Zimt und Sojasoße abschmecken und für etwa 15 Minuten bei mittlerer Hitze kochen, bis die Erbsen schön weich sind.

Linsen süßsauer

Zutaten für eine Portion:

1/2 Zwiebel rot | 1 TL Ghee | 1 TL Honig | Saft einer Bio-Zitrone | 2 Tomaten | 60 Gramm Linsen, gekocht | 1 Messerspitze Ingwer, frisch gerieben | 1 Messerspitze Paprikapulver, scharf | Salz | Pfeffer

Zubereitung:

Die Zwiebel klein schneiden und im Ghee glasig anschwitzen. Den Honig hinzugeben und leicht karamellisieren lassen. Mit dem Saft der Zitrone ablöschen. Die Tomaten von den Kernen befreien, klein würfeln und hinzugeben. Linsen und Ingwer ebenfalls in die Pfanne geben, mit Paprikapulver würzen, mit Salz und Pfeffer abschmecken und für 5 weitere Minuten bei mittlerer Hitze köcheln lassen. Sollte die Flüssigkeit zu schnell einreduzieren, einfach etwas mehr Zitronensaft oder einen Schuss Wasser hinzugeben.

Bohnen-Curry mit Ananas

Zutaten für eine Portion:

80 Gramm grüne Stangenbohnen | 1/2 Schalotte | 1/2 TL Currypulver, gelb | 1 TL Ghee | 40 Gramm Ananas | 1 Chilischote, rot | 1 Prise Nelkenpulver | 1/2 TL Ajwain | 100 ml Gemüsebrühe | etwas Sojasoße | 1 Frühlingszwiebel

Zubereitung:

Die grünen Stangenbohnen in etwa 1 cm lange Stücke schneiden und zusammen mit der fein gehackten Schalotte im Ghee anschwitzen. Das Currypulver hinzugeben und kurz mitrösten lassen. Die Ananas würfeln und zusammen mit der ebenfalls klein geschnittenen Chilischote in die Pfanne geben. Mit Nelkenpulver und Ajwain abschmecken und mit der Gemüsebrühe aufgießen. Für 6 Minuten bei mittlerer Hitze kochen und vor dem Essen mit Sojasoße abschmecken und mit fein gehackter Frühlingszwiebel bestreuen.

Grünkern-Burger mit Knoblauch-Dip

Zutaten für eine Portion:

30 Gramm Grünkern, weich gekocht | 1/2 TL Kürbiskerne, fein gehackt | 2 EL Haferflocken | 1 Schalotte | 10 Gramm Möhren | 1 Messerspitze Currypulver | 1 Eigelb | 1 Prise Kümmel, gemahlen | Majoran, getrocknet | Salz | Pfeffer | 2 TL Ghee

Für den Dip:

2 Knoblauchzehen | 1 EL Joghurt | 1 EL Quark | 1 Spritzer Limettensaft | 1 TL Koriander, gehackt

Zubereitung:

Den Grünkern mit den Kürbiskernen vermengen und die Haferflocken untermischen. Die Schalotte fein hacken und die Möhre raspeln und ebenfalls untermengen. Mit Currypulver, Kümmel, Majoran, Salz und Pfeffer würzen und zuletzt das Eigelb einarbeiten. Mit feuchten Händen zwei Burger aus der Masse formen und in einer heißen Pfanne im Ghee zu knusprigen Laibchen braten. Die Burger sollten auf jeder Seite für gut 2 Minuten gebraten werden.

Für den Dip den Knoblauch pressen und mit Joghurt und Quark glatt rühren. Mit Limettensaft würzen, den Koriander unterrühren und zusammen zum Grünkern-Burger anrichten.

Gebratener Reis mit Kartoffelsoße

Zutaten für eine Portion:

1 Tasse Reis, gekocht | 1 TL Ghee | 1 Messerspitze Kurkuma, gemahlen | 1 Knoblauchzehe | 1 Prise Kardamom, gemahlen | Salz | Pfeffer

Für die Soße:

1 Kartoffel | 1 Schalotte | 1 TL Ghee | 100 ml Kokosmilch | 1 Prise Zimt | 1 Prise Nelkenpulver | etwas dunkle Sojasoße

Zubereitung:

Den gekochten Reis im Ghee zusammen mit dem klein gehackten Knoblauch schön knusprig braten und mit Salz, Pfeffer und Kardamom würzen.

Die Kartoffel schälen und würfeln und zusammen mit der klein geschnittenen Schalotte im Ghee anrösten. Mit der Kokosmilch aufgießen, mit Zimt, Nelkenpulver und Sojasoße abschmecken und für etwa 10 Minuten bei mittlerer Hitze köcheln lassen. Den knusprig gebratenen Reis zusammen mit der cremigen Soße anrichten.

Kartoffeln und Zucchini aus dem Backrohr

Zutaten für eine Portion:

1 Kartoffel | 1 TL Currypaste, rot | 1 EL Ghee | 1/2 Zucchini | 1/2 TL Currypulver, gelb | 2 EL Joghurt | Salz | Pfeffer

Zubereitung:

Die Kartoffel in Spalten schneiden. Die Currypaste mit dem Ghee verrühren und die Kartoffelspalten darin wenden. Auf ein mit Backpapier ausgelegtes Blech legen und im Ofen für 15 Minuten bei 180 °Celsius backen. In der Zwischenzeit die Zucchini in Scheiben schneiden. Currypulver mit Joghurt, Salz und Pfeffer vermengen und damit die Zucchini marinieren. Nach 15 Minuten die Zucchini zu den Kartoffeln geben und beides für weitere 15 Minuten bei 170 °Celsius backen.

Kichererbsen auf rotem Reis

Zutaten für eine Portion:

1/2 Tasse roter Reis (Rice berry) | 1,2 Tassen Wasser | 1 Kardamom-kapsel | 1 Gewürznelke | Salz | Pfeffer | 50 Gramm Kichererbsen | 1 Schalotte | 1 Knoblauchzehe | 1 TL Ghee | 1 EL Frischkäse | 1 EL Koriander, gehackt

Zubereitung:

Die Kichererbsen am Vortag einweichen, abseihen und gut abspülen. Den Reis zusammen mit dem Kardamom, der Nelke, Salz und Pfeffer kochen. Schalotte und Knoblauch klein schneiden und zusammen mit den Kichererbsen im Ghee anschwitzen. Den Frischkäse einrühren und mit dem gehackten Koriander aromatisieren. Für 5 Minuten kö-cheln, bis die Kichererbsen weich sind. Sollten sie noch zu hart sein, etwas Wasser hinzugeben und für einige Minuten länger kochen. Zu-sammen mit dem Reis anrichten.

Schmackhafte Fleischgerichte
aus der Ayurvedaküche

Viele werden sich wundern, warum in vielen Ayurvedakochbüchern auch Fleischgerichte zu finden sind, da viele die Meinung vertreten, Ayurveda müsste rein vegetarisch sein. Doch dies ist nicht so - die Ayurvedaküche verwendet im Gegenteil - gar keine Verbote. Da die Küche aus Indien abstammt, findet man in traditionellen und authentischen Rezepten zwar garantiert keine Gerichte für Rind und Kalb. Die Kuh ist bekanntlich in Indien heilig und wird dort nicht verspeist.

Huhn, Truthahn und Lamm stehen aber auch hier gerne auf der Speisekarte. In früheren Tagen war das Fleisch am indischen Subkontinent einfach zu teuer, zudem fehlten Kühlmöglichkeiten - zwei Gründe, warum in der originalen Ayurvedaküche wenig Fleischgerichte zu finden sind.

Würziger Lammeintopf

Zutaten für eine Portion:

130 Gramm Lammrücken | 1/2 Zwiebel, rot | 2 Knoblauchzehen | 1 TL Currypulver, gelb | 1 Messerspitze Kreuzkümmel | Salz | Pfeffer | 3 Tomaten | 2 Kardamomkapseln | 1 Chilischote, rot | 100 ml Gemüsebrühe | 1/2 TL Ahornsirup | 60 Gramm Kichererbsen (über Nacht eingeweicht) | 2 EL Joghurt | 1 EL Minze, gehackt

Zubereitung:

Das Fleisch in 2 cm große Würfel schneiden. Die Zwiebel und den Knoblauch klein schneiden und mit Curry, Kreuzkümmel, Salz und Pfeffer vermengen. Damit das Fleisch gut marinieren. In eine kleine

Auflaufform geben und im Backrohr bei 200 °Celsius für 15 Minuten vorgaren. Die Tomaten von den Kernen befreien und grob würfeln, die Chili klein hacken und zusammen mit den restlichen Zutaten zum Fleisch geben. Bei 100 °Celsius für 50 Minuten im Backrohr fertig garen.

Hühnchen Masala

Zutaten für eine Portion:

120 Gramm Hühnerbrust | 2 Knoblauchzehen | 1/2 Zwiebel | 1/2 cm Ingwer, frisch gerieben | 1 EL Ghee | 1 TL Tomatenmark | 1/2 TL Paprikapulver, scharf | 1 TL Garam Masala | 1 EL Mandelmehl | 80 ml Gemüsebrühe | 50 ml Joghurt | 1 EL Koriander, gehackt | 1 Prise Meersalz

Zubereitung:

Das Huhn in kleine Stücke schneiden, Knoblauch und Zwiebel fein hacken. Zusammen mit dem Ingwer im Ghee anbraten. Das Tomatenmark und das Paprikapulver hinzugeben und kurz mitrösten. Mit Garam Masala würzen und das Mandelmehl einrühren. Mit der Gemüsebrühe aufgießen und für 30 Minuten bei kleiner Hitze leicht köcheln lassen. Gegebenenfalls etwas Gemüsebrühe oder Wasser nachgießen. Joghurt einrühren und das Gericht mit Koriander und Meersalz abschmecken.

Huhn mit Zwiebel, Chili und Knoblauch

Zutaten für eine Portion:

140 Gramm Hühnerbrust | 1 Zwiebel | 2 Knoblauchzehen | 2 Chilischoten, rot | 1 EL Ghee | 1 Prise Anis | 1/2 TL Ahornsirup | Saft einer halben Bio-Zitrone | 100 ml Gemüsebrühe | etwas Sojasoße, dunkel

Zubereitung:

Das Huhn in Streifen schneiden und die Zwiebel und den Knoblauch, sowie die Chilis fein hacken. Zusammen im Ghee anbraten. Anis kurz mitrösten und den Ahornsirup hinzugeben. Diesen leicht karamellisieren lassen und mit dem Zitronensaft ablöschen. Mit der Brühe aufgießen und für etwa 20 Minuten bei mittlerer Hitze köcheln lassen. Vor dem Essen mit etwas dunkler Sojasoße abschmecken. Safranreis passt hervorragend zu diesem Gericht.

Putensteak mit Kurkumasoße

Zutaten für eine Portion:

140 Gramm Putensteak | Salz | Pfeffer | 1 Schalotte | 1 Knoblauchzehe | 1 TL Ghee | 1/2 TL Kurkuma, frisch gerieben oder Paste | Saft einer halben Bio-Zitrone | 80 ml Gemüsebrühe | 1 Prise Nelkenpulver | 30 ml Buttermilch

Zubereitung:

Die Pute leicht klopfen, salzen und pfeffern und in einer Grillpfanne ohne Öl für je 2 Minuten pro Seite braten. Schalotte und Knoblauch klein schneiden und im Ghee glasig anschwitzen. Kurkuma hinzugeben und kurz mitrösten. Mit dem Zitronensaft ablöschen und mit der Gemüsebrühe aufgießen. Mit dem Nelkenpulver würzen und nach Bedarf mit Salz und Pfeffer abschmecken. Mit einem Schneebesen die Buttermilch einrühren, einmal kurz aufkochen lassen und zusammen mit dem Fleisch servieren.

Ayurvedische Hackfleischpfanne

Zutaten für eine Portion:

1/2 Schalotte | 2 Knoblauchzehen | 1/4 Paprika, rot | 1 EL Ghee | 100 Gramm Hackfleisch vom Huhn | 1/2 TL Currypulver gelb | Saft und

Abrieb einer halben Bio-Limette | 1 Chilischote, rot | 1 Stange Staudensellerie | 50 ml Gemüsebrühe | etwas Fischsoße| etwas Koriander, gehackt

Zubereitung:

Die Schalotte, den Knoblauch und die Paprika klein würfeln und zusammen im Ghee leicht anrösten. Das Hackfleisch hinzugeben und ebenfalls gut mitbraten. Nach 5 Minuten das Currypulver hinzugeben und ebenfalls mitrösten. Mit dem Limettensaft ablöschen und mit dem Abrieb der Zitrusfrucht aromatisieren. Die Chili und den Staudensellerie ebenfalls klein schneiden und in die Pfanne geben. Mit der Brühe aufgießen und für weitere 5 Minuten bei mittlerer Hitze köcheln lassen. Vor dem Servieren mit Fischsoße abschmecken und den gehackten Koriander unterrühren.

In Ghee gebackene Pute im Kokosmantel

Zutaten für eine Portion:

140 Gramm Pute | Salz | Pfeffer | 1 EL Mehl | 1 Ei | 1 EL Kokosmilch | 1 Prise Zimt | 1 Prise Anis | 2 EL Kokosraspeln | Ghee, zum Backen

Zubereitung:

Die Pute dünn klopfen, salzen und pfeffern und im Mehl wälzen. Das Ei mit der Kokosmilch, Zimt und Anis verquirlen und die Pute darin wenden. In den Kokosraspeln panieren und die Panade gut andrücken. Das Ghee erhitzen und die Pute darin goldgelb herausbacken.

Hühnchen Vindaloo

Zutaten für eine Portion:

100 Gramm Hühnerbrust | 1 kleine Zwiebel | 1 Knoblauchzehe | 1/2 cm von der Ingwerknolle | 2 Chilischoten, rot | 1 EL Ghee | 1 EL

Vindaloo-Currypaste | 150 ml Gemüsebrühe | 2 Tomaten | 1 TL Honig | 1 EL Zitronensaft | 1 Prise Meersalz

Zubereitung:

Die Hühnerbrust in Würfel schneiden. Chili, Zwiebel und Knoblauch fein hacken und gemeinsam mit dem klein geschnittenen Ingwer im Ghee gut anbraten. Die Vindaloo-Paste hinzufügen und diese mit einem Schneebesen gut auflösen. Kurz mitrösten und mit der Gemüsebrühe aufgießen. Die Tomaten von den Kernen befreien, würfeln und ebenfalls hinzugeben. Mit Honig, Zitronensaft und Meersalz abschmecken und alles für etwa 30 Minuten bei kleiner bis mittlerer Hitze köcheln lassen.

Kofta Kiri mit Rosinenreis

Zutaten für eine Portion:

100 Gramm Hackfleisch vom Lamm | 1/2 Schalotte | 2 Knoblauchzehen | 1/2 cm Ingwer, frisch gerieben | 1 Prise Kreuzkümmel, gemahlen | 1 EL Koriander, gehackt | 1 Chilischote, rot | Meersalz, nach Bedarf | 1 EL Ghee | 2 EL Joghurt | 100 ml Gemüsebrühe | 1 Prise Nelkenpulver | 1 Prise Piment, gemahlen

Für den Reis:

1/2 Tasse Reis | 1 Tasse Gemüsebrühe | 1 EL Rosinen | 1 Prise Steinsalz

Zubereitung:

Schalotte und Knoblauch klein schneiden und mit dem Hackfleisch, dem Ingwer, Kreuzkümmel, Koriander, gehackter Chili und Salz vermengen. Mit feuchten Händen ca. 2 cm große Kugeln formen. Die Bällchen im Ghee rundherum scharf anbraten. Den Joghurt mit der Brühe, dem Nelkenpulver und dem Piment verrühren, über die Bällchen gießen und diese darin für 15 bis 20 Minuten im Backrohr bei 170 °Celsius garen.

Den Reis in der Gemüsebrühe gemeinsam mit dem Salz und den Rosinen kochen. Zusammen mit den Bällchen und der Joghurtsoße anrichten.

Murgh Tikka - Hühnerspieß mit Safranreis

Zutaten für eine Portion:

130 Gramm Hühnerbrust | 2 EL Joghurt | 1 TL Garam-Masala-Pulver | 2 Knoblauchzehen | 1 Messerspitze Cayennepfeffer | 1 rote Zwiebel

Für den Reis:

1/2 Tasse Basmatireis | 2 Safranfäden | 1 Prise Steinsalz | 1 Kardamomkapsel | 1 Tasse Wasser

Zubereitung:

Das Hühnchen in 2 cm große Würfel schneiden. Den Joghurt mit dem Garam-Masala-Pulver glatt rühren. Den Knoblauch fein pressen und zusammen mit dem Cayennepfeffer unter den Joghurt mengen. Das Hühnchen gut darin marinieren. Die Zwiebel in Stücke schneiden und abwechselnd mit dem Fleisch auf einen Spieß fädeln. In einer beschichteten Grillpfanne von beiden Seiten für etwa 3 Minuten gut durchbraten.

Den Reis mit den Safranfäden, dem Steinsalz und der Kardamomkapsel im Wasser kochen und zusammen mit dem Spieß servieren.

Gegrilltes Lamm mit Minzsoße

Zutaten für eine Portion:

130 Gramm Lammrücken | 1 rote Zwiebel | 2 Knoblauchzehen | 1 EL Ghee | 1 Zweig Rosmarin | 1 Messerspitze Kurkuma - Pulver oder

Paste | 1/2 rote Paprika | 1 Chilischote, grün | 2 EL Balsamicoessig | 80 ml Gemüsebrühe | 30 ml Buttermilch | Salz | Pfeffer | 1 Prise Kümmel, gemahlen | 1 EL Minze, gehackt

Zubereitung:

Das Fleisch in Streifen schneiden. Zwiebel und Knoblauch fein hacken und zusammen mit dem Fleisch im Ghee scharf anbraten. Rosmarin, Kurkuma hinzugeben und kurz mitrösten. Paprika und Chili in Streifen schneiden und ebenfalls in die Pfanne geben. Mit dem Balsamicoessig ablöschen und mit der Gemüsebrühe aufgießen. Für etwa 10 Minuten bei mittlerer Hitze köcheln lassen. Mit der Buttermilch verfeinern und mit Salz, Pfeffer und Kümmel abschmecken. Kurz vor dem Servieren die Minze unterrühren.

Fischgerichte aus der Ayurvedaküche

Bei Fisch und Meeresfrüchten verhält es sich ähnlich, wie beim Fleisch. Aus Ermangelung passender Kühlmöglichkeiten kamen Fisch und Meeresfrüchte nur selten auf den Tisch. Die ayurvedische Küche vertritt die Meinung, dass Produkte aus der Region verwendet werden sollten und auf absolute Frische geachtet werden muss. Dieses Prinzip entstammt jedoch einer Zeit ohne rasche Transportmöglichkeiten und ohne Kühlkette.

Wer also Lust auf Fisch und Meeresfrüchte hat, der kann diese auch bedenkenlos essen. Sie können sämtliche Fische für unsere Rezepte verwenden, daher werden diese auch immer nur als Fischfilet angegeben. Egal ob Forelle oder Seelachs, die Rezepte funktionieren mit Süßwasserfischen ebenso wie mit Fischen aus dem Meer.

Garnelen mit Spinat

Zutaten für eine Portion:

130 Gramm Garnelen, ohne Schale und ohne Darm | 1 EL Ghee | 1 Knoblauchzehe | Salz | Pfeffer

Für den Spinat:

1 Schalotte | 2 Knoblauchzehen | 1 TL Currypulver, gelb | 1 TL Ghee | 50 Gramm Baby-Blattspinat | 50 ml Gemüsebrühe | 1 Prise Nelkenpulver | etwas Muskat, gerieben | 20 ml Buttermilch | Salz | Pfeffer

Zubereitung:

Die Garnelen mit dem klein geschnittenen Knoblauch im Ghee für etwa 3 Minuten braten. Salzen und pfeffern und zur Seite stellen. Für den Spinat die Schalotte und den Knoblauch klein schneiden und im

Ghee anschwitzen. Das Currypulver hinzugeben und kurz mitrösten. Den Spinat hinzugeben, kurz durchschwenken und mit der Brühe aufgießen. Mit Nelke, Muskat, Salz und Pfeffer abschmecken. Die Buttermilch hinzugeben und für eine weitere Minute köcheln lassen. Die Garnelen auf den Spinat legen, kurz durchschwenken und servieren.

Garnelen mit Ingwersoße

Zutaten für eine Portion:

130 Gramm Garnelen, ohne Schale und ohne Darm | 1 Knoblauchzehe | 1 EL Ghee | 1/2 cm Ingwerwurzel, frisch gerieben | 1 Prise Zimt | 1 Prise Anispulver | 100 ml Kokosmilch | etwas Sojasoße | etwas Fischsoße

Zubereitung:

Die Garnelen zusammen mit dem in Scheiben geschnittenen Knoblauch im Ghee für etwa 3 Minuten braten. Ingwer, Zimt und Anis hinzufügen, kurz mitrösten und mit der Kokosmilch aufgießen. Für 2 Minuten bei mittlerer Hitze köcheln lassen und vor dem Anrichten mit Sojasoße und Fischsoße abschmecken.

Tintenfisch in Tomatensoße

Zutaten für eine Portion:

1 EL Ghee | 1 Chilischote, rot | etwas Kreuzkümmel | etwas Heeng | 1 Gewürznelke | 1 Messerspitze Ingwer, frisch gerieben | 3 Tomaten | 1 Lorbeerblatt | 1/2 TL Honig | Salz | Pfeffer | 130 Gramm Tintenfischringe

Zubereitung:

Den Chili klein schneiden und im Ghee zusammen mit dem Kreuzkümmel, Heeng, Nelke und Ingwer leicht anrösten. Die Tomate von den Kernen befreien, klein würfeln und hinzugeben. Das Lorbeerblatt, den Honig, Salz und Pfeffer ebenfalls hinzugeben und alles bei mittlerer Hitze für 15 Minuten leicht köcheln lassen. Das Lorbeerblatt und die Nelke herausfischen und die Soße mit dem Zauberstab pürieren. Die Tintenfische in die Soße geben und bei mittlerer Hitze für weitere 15 Minuten garen. Zum Fisch passt duftender Basmati- oder Jasminreis ausgezeichnet.

Fisch-Curry in Kokosmilch

Zutaten für eine Portion:

80 ml Kokosmilch | 80 ml Gemüsebrühe | 3 Limettenblätter | 1 TL Currypulver, gelb | 2 dünne Scheiben Ingwer | 1 Schalotte | etwas Sojasoße| 1 Spritzer Fischsoße | 130 Gramm Fischfilet | 1 Prise Koriander, gemahlen

Zubereitung:

Die Kokosmilch mit der Gemüsebrühe aufkochen und mit Limettenblättern, Currypulver und Ingwer aromatisieren. Die Schalotte grob schneiden und den Fisch in 3 cm große Stücke schneiden. Beides in den Sud geben und mit Sojasoße, Fischsoße und Koriander gemahlen würzen. Für 7 Minuten bei mittlerer Hitze köcheln lassen. Dieses Gericht kann als Suppe, aber auch als Soße mit Reis gegessen werden.

Fisch in der Nuss-Kräuter-Panade

Zutaten für eine Portion:

120 Gramm Fischfilet | etwas Zitronensaft | 1 EL Mehl | 1 Ei | 1 EL Kräuter nach Wahl | 1 EL Nüsse, fein gehackt | Salz | Pfeffer | Ghee zum Backen

Zubereitung:

Den Fisch mit Zitronensaft einreiben und im Mehl wälzen. Das Ei mit Salz und Pfeffer verquirlen und den Fisch darin durchziehen. Die Nüsse mit den Kräutern vermengen und den Fisch darin panieren. In einer Pfanne Ghee erhitzen und den Fisch darin goldgelb backen.

Fisch mit Tamarindensoße

Zutaten für eine Portion:

130 Gramm Fischfilet | Salz | Pfeffer | 1 EL Ghee | 1/2 Schalotte | 1 Messerspitze Ingwer, fein gerieben | 100 ml Tamarindensaft | etwas Abrieb einer Bio-Limette | 1 Chilischote, rot | 2 EL Sahne | 1/2 TL Maisstärke

Zubereitung:

Den Fisch salzen und pfeffern und im Ghee in einer Pfanne für 2 Minuten auf jeder Seite anbraten. Den Fisch aus der Pfanne nehmen und zur Seite stellen. Die Schalotte fein hacken und in der eben verwendeten Pfanne zusammen mit dem Ingwer anschwitzen. Mit dem Tamarindensaft ablöschen und mit dem Abrieb der Limette aromatisieren. Die Chili klein schneiden und die Soße schärfen, mit der Sahne verfeinern und kurz aufkochen. Mit einem Schneebesen die Maisstärke einrühren. Ein weiteres Mal aufkochen lassen, den Fisch einlegen und für 3 Minuten in der Soße fertig gar ziehen.

Fisch im Bananenblatt gegart

Zutaten für eine Portion:

150 Gramm Fischfilet | Salz | Pfeffer | 3 Scheiben Zitrone | 2 cm von der Ingwerwurzel, dünn aufgeschnitten | 3 EL Kokosmilch | 4 Scheiben Tomaten, ohne Kerne | 1/2 Bund Koriander | 1 Bananenblatt

Zubereitung:

Den Fisch salzen und pfeffern. Die Zitronenscheiben auf das Bananenblatt legen und den Fisch darauf platzieren. Mit Ingwer und Tomaten belegen. Den Koriander grob gezupft auf dem Fisch verteilen und alles mit der Kokosmilch beträufeln. Das Bananenblatt verschließen und mit einem Zahnstocher fixieren. Alternativ können Sie auch Backpapier oder Backfolie verwenden. Den Fisch im Backrohr bei 200 °Celsius bei Ober,- und Unterhitze für etwa 12 Minuten garen. Das Bananenblatt verleiht dem Fisch ein ganz besonders Aroma. Öffnen Sie das Paket erst direkt vor dem Essen am Tisch.

Gedämpfter Fisch in Dillsoße

Zutaten für eine Portion:

130 Gramm Fischfilet | Salz | Pfeffer | 500 ml sehr kräftige Gemüsebrühe | 30 ml Sahne | 1 Spritzer Zitronensaft | 1 EL Dill, gehackt

Zubereitung:

Den Fisch salzen und pfeffern. Die Gemüsebrühe in einem Topf zum Kochen bringen. Den Fisch in einen Dampfeinsatz legen und auf den Topf setzen. Für etwa 10 Minuten bei geschlossenem Deckel dämpfen. Alternativ können Sie den Fisch auch in einem Bambuskorb oder einem Sieb dämpfen. 50 ml von der Gemüsebrühe zur Seite nehmen und mit der Sahne vermengen. In einem Topf bei mittlerer Hitze etwas einreduzieren lassen und mit Zitronensaft und Dill verfeinern. Den Fisch kurz in die Soße legen, einmal durchschwenken und anrichten.

Desserts und süße Verführungen aus der Ayurvedaküche

Auch Süßes ist in der Ayurvedaküche absolut vertreten, bevorzugt sind hier natürlich warme Nachspeisen, doch auch Eis, Cremen, Kuchen und mehr können nach ayurvedischem Prinzip gezaubert werden. Zu kalten Süßspeisen sollten Sie immer einen schönen heißen Gewürztee bringen, damit die Doshas wieder ausbalanciert werden. Oft benötigt es aber auch etwas Kühles, damit die Harmonie wieder stimmt.

Ayurvedisches Goldenes Milcheis

Zutaten für eine Portion:

300 ml Mandelmilch | 1 EL Kurkuma Paste | 1 EL Agavendicksaft | 1 Eiweiß

Zubereitung:

Die Goldene Milch nach herkömmlichem Rezept zubereiten und auskühlen lassen. Das Eiweiß leicht anschlagen und unter die Milch rühren. In eine Schüssel füllen und für mindestens 8 Stunden im Tiefkühler durchfrieren lassen. Sie können das Eis zusätzlich mit Feigen, Beeren, Rosinen oder auch kleinen Schokoladenstückchen verfeinern. Auch dient dieses Rezept als Grundlage für Zimteis, Vanilleeis oder Matchaeis. Ihrer Fantasie sind keine Grenzen gesetzt.

Quinoa-Pfannkuchen mit Beeren

Zutaten für eine Portion:

50 ml Hafermilch | 3 EL Quinoamehl | 1 Ei | 1/2 TL Honig | 1 Prise Himalayasalz | 1 EL Ghee, zum Backen | 30 Gramm Erdbeeren | 2 EL

Quark | 1 TL Minze, gehackt | 1 Spritzer Zitronensaft | etwas Kokosblütenzucker, nach Bedarf

Zubereitung:

Die Hafermilch mit dem Quinoamehl und dem Ei verquirlen. Honig und Salz einrühren und aus dem dickflüssigen Teig in einer heißen Pfanne mit Ghee etwa 2 dicke Pfannkuchen backen. Die Erdbeeren in kleine Stücke schneiden und mit dem Quark und der Minze vermengen. Mit Zitronensaft und Kokosblütenzucker abschmecken und zusammen mit den Pfannkuchen servieren.

Milchreis mit Feigen

Zutaten für eine Portion:

80 Gramm Rundkornreis | 200 ml Milch | 100 ml Kokosmilch | 2 Fäden Safran | Mark einer halben Vanilleschote | 1/2 TL Honig | 2 Gewürznelken | 1 Messerspitze Zimt | 1 Messerspitze Ingwer, frisch, fein gerieben | 1 Feige | 1 EL Agavensirup | 1 Prise Himalayasalz

Zubereitung:

Den Rundkornreis in der Milch und der Kokosmilch aufkochen. Mit Safran, dem Vanillemark, Honig, Gewürznelken, Zimt und Ingwer aromatisieren und so lange kochen, bis der Reis eine schöne, dickflüssige bis klebrige Konsistenz hat. Die Feige in dünne Spalten schneiden und auf ein mit Backpapier ausgelegtes Backblech legen. Mit dem Agavensirup beträufeln und leicht salzen und im Backrohr bei Ober,- und Unterhitze und 170 °Celsius für 5 Minuten backen. Zusammen mit dem aromatischen Milchreis servieren. Wenn Sie es gerne schokoladig mögen, können Sie auch 1/2 TL Kakao in die Milch rühren und einen verführerischen Schokoladenmilchreis kochen.

Aromatische Ingwer-Muffins

Zutaten für 4 Muffins:

80 Gramm Butter | 2 Eier | 2 EL Frischkäse | 60 Gramm Mehl | 1/2 Packung Backpulver | 1 cm Ingwer, fein gerieben | 1 Messerspitze Anispulver | 1 Messerspitze Zimt, gemahlen | 2 EL Honig

Zubereitung:

Die Butter schaumig schlagen und ein Ei nach dem anderen in die Butter einrühren. Für mindestens drei Minuten kräftig weiter schlagen. Die Butter mit dem Frischkäse glatt rühren und das Mehl zusammen mit dem Backpulver einarbeiten. Ingwer, Anis, Zimt und Honig untermengen und die Teigmasse in vier Muffinformen füllen. Das Backrohr auf 170 °Celsius aufheizen und die Ingwer-Muffins bei Ober,- und Unterhitze für 15 Minuten backen. Mit Schlagsahne und warmer Schokoladensoße schmecken diese Muffins noch heiß besonders gut.

Verführerischer Pudding aus Gewürzschokolade

Zutaten für eine Portion:

200 ml Sojamilch | 1 Prise Anispulver | 1 Prise Zimt | 1 Prise Kardamom, gemahlen | 1 Prise Nelkenpulver | 2 EL Honig | 1 Prise Himalayasalz | 80 Gramm dunkle Schokolade | 50 ml Sahne | 2 EL Maisstärke | 1 Eigelb

Zubereitung:

Die Sojamilch mit Anis, Zimt, Kardamom und Nelkenpulver erhitzen und mit Honig süßen. Mit einer Prise Salz für die Balance sorgen. Die dunkle Schokolade fein raspeln und in der Gewürzmilch unter ständigem Rühren auflösen. Die Sahne mit der Maisstärke und dem Eigelb verquirlen, es dürfen sich keine Klumpen bilden. Zügig in die Schokoladenmilch gießen. Unter ständigem Rühren die Milch nun für

2 Minuten aufkochen. Der Pudding schmeckt mit einem Klacks Sahne auch warm ganz hervorragend. Dieser Pudding kann heiß auch als dicke Schokoladensoße für Kuchen und Eisbecher verwendet werden.

Mousse aus Äpfel und Birnen

Zutaten für eine Portion:

1/2 Apfel | 1/2 Birne | 1 EL Honig | 1 Prise Salz | 1 Prise Zimt, gemahlen | 1 Prise Kurkuma | 3 EL Joghurt | 1 EL Walnüsse, gehackt und geröstet

Zubereitung:

Den Apfel und die Birne entkernen und in dünne Spalten schneiden. Mit etwas Honig beträufeln, salzen und auf ein mit Backpapier ausgelegtes Backblech legen. Den Backofen auf 150 °Celsius aufheizen und die Früchte für 15 Minuten bei Ober,- und Unterhitze backen. Aus dem Ofen nehmen und zusammen mit dem Zimt, Kurkuma und Joghurt im Mixer pürieren. Anrichten, und mit den gerösteten Walnüssen bestreuen.

Chia-Pudding mit Erdbeeren und Basilikum

Zutaten für eine Portion:

80 Gramm Erdbeeren | 10 Blätter Basilikum | Saft einer Bio-Limette | 150 Gramm Joghurt | 1 Prise Kardamom | 1 TL Honig | 1 EL Chiasamen

Zubereitung:

Die Hälfte der Erdbeeren klein würfeln und die andere Hälfte mit dem Basilikum, dem Limettensaft, Joghurt, Kardamom, Honig und den Chiasamen kurz pürieren. Aus dem Mixer nehmen und die klein geschnittenen Erdbeeren unterheben. In ein Glas füllen und für mindestens 4 Stunden, am besten aber über Nacht quellen lassen.

Kardamom Panna Cotta

Zutaten für eine Portion:

150 ml Kokosmilch | 1 Messerspitze Kardamom, gemahlen | etwas Abrieb einer Bio-Limette | 1 TL Honig | 2 Blatt Gelatine

Zubereitung:

Die Kokosmilch zusammen mit dem Kardamom und dem Limettenabrieb aufkochen und den Honig einrühren. Die Gelatine für 5 Minuten in kaltem Wasser einweichen, herausnehmen, ausdrücken und in der leicht ausgekühlten Kokosmilch auflösen. Dazu einen Schneebesen verwenden, es sollten keine Klumpen entstehen. Die Kokosmilch in eine Tasse füllen und für etwa 3 bis 4 Stunden kaltstellen.

Buttermilchnockerl mit Himbeer- und Chilisoße

Zutaten für eine Portion:

100 ml Sahne | 100 ml Buttermilch | 1 EL Honig | Mark einer viertel Vanilleschote | 4 Blatt Gelatine | 50 Gramm Himbeeren | 1/2 Chilischote, rot | 1 TL Agavendicksaft

Zubereitung:

Die Sahne steif schlagen. Die Buttermilch mit dem Honig und der Vanille leicht erwärmen. Die Gelatine in kaltem Wasser für einige Minuten einweichen, gut ausdrücken und in der noch warmen Buttermilch mit einem Schneebesen zügig auflösen. Es dürfen keine Klumpen entstehen. Die Buttermilch auskühlen lassen und die steife Sahne behutsam unterheben. Für mindestens 4 Stunden kaltstellen und anschließend Nockerln formen. Das funktioniert am besten mit einem Suppenlöffel. Die Himbeeren mit dem Chili und dem Agavendicksaft pürieren. Zusammen mit den Buttermilchnockerln servieren.